本专著系教育部中外语言交流合作中心国际中文教育基地项目“英语国家本土中文教师核心素养常模构建及培养选拔优化方案”（24YHJD1008）的阶段性成果

区域国别视域下的英国中文教育研究

于泓珊　著

新华出版社

图书在版编目（CIP）数据

区域国别视域下的英国中文教育研究 / 于泓珊著 . 北京：新华出版社, 2025. 6. -- ISBN 978-7-5166-8067-4

Ⅰ . H195.3

中国国家版本馆 CIP 数据核字第 2025FR8812 号

区域国别视域下的英国中文教育研究
作者： 于泓珊

责任编辑： 徐文贤　　**封面设计：** 吴　睿
出版发行： 新华出版社有限责任公司
（北京市石景山区京原路 8 号　邮编：100040）
印刷： 天津和萱印刷有限公司

成品尺寸： 170mm × 240mm　1/16　**印张：** 10.75　**字数：** 187 千字
版次： 2025 年 6 月第 1 版　**印次：** 2025 年 6 月第 1 次印刷
书号： ISBN 978-7-5166-8067-4　**定价：** 80.00 元

目录

CONTENTS

第一章　绪论

一、研究背景及意义

（一）研究背景

国际中文教育是推进中外文明交流互鉴、促进民心相通的重要桥梁。据统计，截至 2024 年 9 月，全球已有 85 个国家将中文纳入国民教育体系，190 多个国家开展中文教育，全球除中国外正在学习中文的人数超过 3000 万，累计学习和使用中文的人数接近 2 亿。习近平主席在向 2024 世界中文大会发来的贺信中指出，中文承载着中华民族数千年的文明智慧，是中国贡献给世界的重要公共文化产品，支持服务国际社会开展好中文教育是中国作为母语国的责任①。在区域国别视域下开展中文教育研究是中国服务世界各国进行中文教育高质量发展的有效手段。

英国作为欧洲重要的经济体、文化枢纽及教育中心，其中文教育发展情况既展现了中英两国政治、经济、文化关系的变迁，也反映出多元文化社会中语言教育政策的调整。19 世纪大量传教士开始学习中文为随后英国中文教育的发展奠定了坚实的基础。传教士所编纂的中文教学资源，如教科书和词典，为当时的中文学习者提供了珍贵的学习资料。21 世纪以来，中英关系经历了“黄金时代”的战略升级，双边贸易、科技、教育等领域的合作持续深化。语言教学与合作是中英教育间开展合作最早也是最重要的领域之一。自 2005

---

① 中国政府网．习近平向 2024 世界中文大会致贺信 [EB/OL]．（2021-11-15）[2024-12-12]. https://www.gov.cn/yaowen/liebiao/202411/content_6987298.htm.

年由伦敦大学亚非学院与北京外国语大学合作成立英国第一家孔子学院，孔子学院已经成为英国中文教育发展的重要推动力量[①]。当前，英国拥有 30 所孔子学院，居欧洲首位。近二十年，英国基础教育阶段的中文教育快速发展，离不开英国政府对中文的重视和中国作为中文母语国为海外中文教育发展提供的服务。2016 年，英国教育部投资开展“中文培优”项目，由伦敦大学教育学院孔子学院（the IOE Confucius Institute for Schools，简称 IOE 孔子学院）和英国文化教育协会合作组织实施，中国教育部中外语言交流合作中心承担来华研修项目的组织工作。在“中文培优”项目的支持下，英格兰地区 2024 年有约 80 所公立中学开展中文教学。然而，英国中文教育在快速扩张中也面临着诸多挑战，如四个地区英格兰、苏格兰、威尔士、北爱尔兰中文教育发展不均衡，国民教育体系中中文的融入程度仍不够深入，师资本土化不足，教学资源与学习者的多元需求匹配度有待提升等。这些问题既与英国外语教育政策的影响相关，也与中文由“社区语言”过渡到“现代外语”角色的适应性密切相关。

区域国别研究是运用多学科的知识对地区或国家进行全方位、多角度、大视野的研究，以获取对地区、国别的全面和深刻的了解。[②]2022 年 9 月，区域国别学被教育部学位办设立为交叉学科门类下的一级学科。2025 年 4 月，教育部颁发《普通高等学校本科专业目录（2025 年）》，将区域国别学列入其中。从区域国别的角度进行研究，意味着在对研究对象进行专业化研究的同时，尽可能充分地了解研究对象的各个领域，如政治、经济、社会、文化和历史，它们之间的相互关系及其对该地区或者国家的整体性影响[③]。区域国别中文教育是国际中文教育在全球不同国家和区域的具体体现与表征，其本体论为区域国别中文教育实践、制度和理论三位一体[④]。本研究选取区域国别作为研究视角，重点对英国四个地区的中文教育实践和制度进行研究，包括地区语言

---

① 中华人民共和国驻大不列颠及北爱尔兰联合王国大使馆教育处．中英教育合作与交流概况 [EB/OL].（2017-12-12）[2024-05-09]. https://england.lxgz.org.cn/england/jlhz/zyjy/20171222162735135150/index.html.

② 钱乘旦．以学科建设为纲推进我国区域国别研究 [J]. 社会科学文摘，2022，（07）：32-34.

③ 唐士其．关于区域国别学学科建设的几个问题 [J]. 社会科学文摘，2024，（02）：66-68.

④ 王辉，史官圣．区域国别研究视角下的国际中文教育：内在逻辑与范式建构 [J]. 世界汉语教学，2023，37（01）：3-13.

政策、孔子学院开展的中文教育实践、创新中文教学方法、中文教学资源发展等多个方面，深入研究英国中文教育特征，为其他英语国家中文教育发展提供启示和借鉴。

（二）研究意义

1. 理论意义

第一，有助于丰富区域国别中文教育研究理论。研究以区域国别研究为方法论框架，将区域国别学、语言学、社会学、教育学、历史学等多学科视角相结合，系统解析英国中文教育在政策环境、实施主体、教学实践与资源建设中的内在逻辑，推动国际中文教育研究从实践描述到理论构建的转型，为区域国别中文教育理论研究提供实证依据。

第二，有助于拓展本土化中文教育实践的理论维度。研究对英国中文教育实践的多个层面进行分析，如孔子学院发展、教学资源建设、教学方法应用等，自下而上从实践中提炼理论，聚焦中文教育与英国语言教育政策的互动关系，为全球中文教育的本土化发展提供差异化理论参照，丰富区域国别中文教育理论的应用内涵。

2. 实践意义

第一，为宏观层面推动英国中文教育政策制定提供参考。研究可为中国教育部中外语言交流合作中心等语言传播职能部门提供区域国别信息，助力中文深度融入英国国民教育体系。

第二，为中观层面推动英国中文教育机构发展提供信息。研究可为英国孔子学院和其他中文教育机构管理人员提供信息，为英国本土中文教学资源建设提供需求导向，提升教学资源适配性，推动英国 30 所孔子学院和其他相关中文教育机构更深更广融入当地教育体系。

第三，为微观层面英国中文教师提供中文教育外部环境和内部运行机制的基本信息，使其了解当地中文教学方法，更快适应教学工作。此外，对英格兰“中文培优”项目、苏格兰中文教育模式、赫尔大学孔子学院等个案的深入剖析，可形成可复制的本土化实践路径，为国际中文教育在多元文化语境中的可持续发展提供典型案例。

二、研究现状

（一）区域国别中文教育研究

近年来，区域国别中文教育成为国际中文教育学界研究热点。李宝贵等[①]对“区域国别中文教育”的内涵进行了界定，认为其有广义和狭义之分：广义的区域国别中文教育指某一地区或国家的中文教育情况，包含国别语言教育政策、中文教育发展现状、发展特征等宏观问题，也包括孔子学院发展、本土中文教师培养、教学资源建设等中观问题，还包括教学法选择、习得情况、教材使用等微观问题。狭义的区域国别中文教育则专指宏观层面的区域国别中文教育，侧重国际中文教育事业发展的远景目标、发展战略、学科建设、标准体系建设、治理体系与治理能力现代化等内容。

1. 广义的区域国别中文教育研究

广义的区域国别中文教育研究聚焦具体的国家或地区。国别中文教育研究中，泰国、美国、俄罗斯、澳大利亚、埃及分别为亚洲、美洲、欧洲、大洋洲、非洲中文教育成果较丰富的国家。如张婧、吴应辉[②]《21 世纪泰国中文教育现状及其“三元”驱动机制》，在区域国别研究的整体观视域下，对泰国中文教育的最新发展全貌、特点进行系统分析，总结泰国中文教育体系发展现状，剖析其中文教育持续快速发展背后的动力机制，为国际中文教育发展提供借鉴。刘元满等[③]《汉语作为外语在美国发展的综合研究》，运用人类发展理论、多元文化教育等理论，对汉语作为外语在美国的发展历史进行溯源，挖掘汉语在美国发展的深层原因，分析美国重大事件、教育政策及教学法变化对汉语带来的影响，对美国中文教学体系的形成和发展做了深入细致的考察，同时还探讨了美国中文学习者的特点。李敬欢[④]《新时代俄罗斯中文教育发展机遇与挑战》，立足新时代中俄全面战略协作伙伴关系，以宏观

---

① 李宝贵，李慧，刘家宁．区域国别中文教育研究进展与展望 [J]．辽宁大学学报（哲学社会科学版），2022，50（02）：98-116.

② 张婧，吴应辉．21 世纪泰国中文教育现状及其“三元”驱动机制 [J]．民族教育研究，2024，35（04）：168-176.

③ 刘元满．汉语作为外语在美国发展的综合研究 [M]．北京：北京大学出版社，2024：1.

④ 李敬欢．新时代俄罗斯中文教育发展机遇与挑战 [J]．河南大学学报（社会科学版），2023，63（03）：107-113+155.

的视角，整体把握俄罗斯中文教育发展状况，结合网络田野调查与实地调研，自建《俄罗斯中文教育发展数据库》，基于数据库梳理俄罗斯中文教育发展的历史与现状，总结其特点，在探讨俄罗斯中文教育面临的机遇与挑战的基础上，提出俄罗斯中文教育可持续发展的优化策略。梁蕾、吴应辉[①]《澳大利亚中文教育发展现状研究》，分析了澳大利亚中文教育发展的影响因素，全面呈现了该国中文教育发展的良好态势并指出了存在问题及优化方向。李宝贵、魏禹擎[②]《中文纳入埃及国民教育体系的动因、模式与优化路径》，从区域国别中文国际传播视角梳理埃及各个教育阶段内中文教育现状。从政治高度互信提供保障、经贸往来频繁提供动力、教育交流提供基础等方面探究中文纳入埃及国民教育体系的动因，从时间和空间两个维度分析中文纳入埃及国民教育体系的模式。在此基础上，提出中文纳入埃及国民教育体系的优化路径。从国别研究来看，对开展中文教育历史较短的国家研究较少，如马达加斯加、摩洛哥等国。

区域国别中文教育研究中，李宝贵、魏禹擎[③]，李睿、李敬欢[④]，李晓露、梁宇[⑤]等对中东欧国家、中亚五国、北欧五国等靠地理划分区域的中文纳入国民教育体系特点、语言教育政策背景下的中文教育发展、中文教育发展特征及对策等内容进行深入探讨，对一些以语言或国际组织划分的区域中文教育研究较少，如法语区，上合组织等。总体来说，广义的区域国别中文教育研究存在宏观国别研究有待加强、研究发展不平衡不充分、对一些新型区域关注不够等问题[⑥]。

---

① 梁蕾，吴应辉．澳大利亚中文教育发展现状研究 [J]．华文教学与研究，2023，（01）：52-59+68.

② 李宝贵，魏禹擎．中文纳入埃及国民教育体系的动因、模式与优化路径 [J]．民族教育研究，2022，33（03）：153-160.

③ 李宝贵，魏禹擎．中文纳入中东欧国家国民教育体系的样态表征、影响因素与纾解之策 [J]．陕西师范大学学报（哲学社会科学版），2023，52（06）：117-128.

④ 李睿，李敬欢．中亚五国语言教育政策背景下的中文教育发展研究 [J]．民族教育研究，2022，33（05）：162-168.

⑤ 李晓露，梁宇．北欧五国中文教育的发展特征、挑战与对策 [J]．海南师范大学学报（社会科学版），2023，36（05）：77-84.

⑥ 李宝贵，李慧，刘家宁．区域国别中文教育研究进展与展望 [J]．辽宁大学学报（哲学社会科学版），2022，50（02）：98-116.

2. 狭义的区域国别中文教育研究

狭义的区域国别中文教育研究聚焦学科理论体系的建设，关注区域国别中文教育研究本身的内涵、发展、路径、方法等。如吴应辉、梁宇[①]《交叉学科视域下国际中文教育学科理论体系与知识体系构建》，就国际中文教育的学科定位、理论体系和知识体系构建提出一些思考，助力学科建设和事业发展。李宝贵、刘家宁[②]，梁宇[③]，王辉、史官圣[④]对区域国别国际中文教育及中文国际传播的内涵、内容与路径、内在逻辑进行了深入探讨。吴应辉[⑤⑥]，李宝贵、刘家宁[⑦]聚焦区域国别中文教育研究的功能和方法及范式。李宝贵等[⑧]，王春辉[⑨]则回顾了区域国别中文教育研究的过去和现状，提出趋势和展望。

（二）英国中文教育研究

英国中文教育包括宏观、中观、微观三个层面。宏观层面聚焦中文教育整体发展情况，如近年来中文教育整体发展现状与特征、中文教育本土化发展情况等。中观层面聚焦本土中文教师、教学资源、孔子学院发展等相关研究。微观层面多关注具体的“三教”问题，如英国中文教师的职业认同、中文教材使用、中文教学法与习得研究。

---

① 吴应辉，梁宇．交叉学科视域下国际中文教育学科理论体系与知识体系构建［J］．教育研究，2020，41（12）：121-128.

② 李宝贵，刘家宁．区域国别中文国际传播研究：内涵、进展与优化策略［J］．语言文字应用，2022，（01）：44-55.

③ 梁宇．区域国别中文教育研究的内涵、内容与路径［J］．河南大学学报（社会科学版），2022，62（02）：111-116+155.

④ 王辉，史官圣．区域国别研究视角下的国际中文教育：内在逻辑与范式建构［J］．世界汉语教学，2023，37（01）：3-13.

⑤ 吴应辉．主持人语——区域／国别中文教育研究功能的三重性［J］．国际汉语教学研究，2022，（01）：3.

⑥ 吴应辉．区域国别研究的“五观”方法论（代主持人语）——以区域国别中文教育研究为例［J］．云南师范大学学报（对外汉语教学与研究版），2022，20（02）：41-42.

⑦ 李宝贵，刘家宁．区域国别中文教育研究的论域类型与实践范式［J］．语言文字应用，2023，（01）：45-56.

⑧ 李宝贵，李慧，刘家宁．区域国别中文教育研究进展与展望［J］．辽宁大学学报（哲学社会科学版），2022，50（02）：98-116.

⑨ 王春辉．区域国别国际中文教育研究的源起、现状与趋势［J］．贵州师范大学学报（社会科学版），2024，（05）：33-43.

1. 宏观层面的英国中文教育研究

宏观层面的英国中文教育研究成果最为丰硕。张新生、李明芳①《英国汉语教育的发展现状、特征与趋势》对近十年从基础教育、高等教育、华文教育到终身教育等几个阶段的英国汉语教育发展情况进行综合性的概述，然后对该发展过程中英国汉语教育之特点、发展和问题进行了初步的探讨和分析，最后对“脱欧”后英国汉语教育的发展趋势提出了一些看法和预测。张鹏②《英国中文教育本土化问题与建设》，运用文献研究和实证研究的方法，分析调研英国大学中文专业课程、中小学中文课程、华文教育和孔子学院四大板块中文教育现状，就推进英国中文教育本土化建设提出建议。

2. 中观层面的英国中文教育研究

中观层面的英国中文教育研究成果相对较少。胡唯哲、吴桐③《英国本土中文教师发展现状、问题及对策》，通过网络调研、自建数据库、访谈英国中文教育研究专家，对影响英国中文教师发展的相关因素、英国中文教学概况和英国高校、中小学以及华文学校的中文教师基本情况进行研究分析，呈现英国大中小学本土中文教师的发展现状，为国家协助英国本土中文教师发展建设精准施策提供学术支撑。彭飞、于晓④《英国主流媒体报道中的孔子学院形象与话语体系》选取 2012 ~ 2015 年间的英国四大主流媒体涉及孔子学院的报道，采用高频词分析、报道主题分析、非文字语言分析等手段对孔子学院形象进行剖析探究，通过对关于孔子学院的共计 17 篇报道的考察研究发现，孔子学院在报道中多与软实力、汉语重要性、外界批评联系在一起，从总体上看孔子学院形象是正面的，多与汉语教学挂钩，也会提到孔子学院对于提升中国软实力的作用，但并无批判之意。

3. 微观层面的英国中文教育研究

微观层面的英国中文教育研究成果较多且主题多样，如孔子学院课程设

---

① 张新生，李明芳．英国汉语教育的发展现状、特征与趋势［J］．云南师范大学学报（对外汉语教学与研究版），2024，22（05）：43-53.

② 张鹏．英国中文教育本土化问题与建设［J］．语言教育，2022，10（01）：121-129.

③ 胡唯哲，吴桐．英国本土中文教师发展现状、问题及对策［J］．云南师范大学学报（对外汉语教学与研究版），2022，20（06）：69-79.

④ 彭飞，于晓．英国主流媒体报道中的孔子学院形象与话语体系［J］．学术探索，2016，（11）：112-119.

置、典型中文教育项目、中等教育证书GCSE中文考试研究等。梁吉平、贾培兰[①]《海外孔子学院课程设置研究——以英国14所孔子学院为例》，定量分析了英国14所孔子学院课程数据，分别对英国14所孔子学院的语言课程、文化课程、文化活动进行比较，总结英国孔子学院课程设置特点以及影响孔子学院课程设置的因素，最后对英国孔子学院的课程设置提出针对性建议和方案。潘琳、唐艳文、胡文静[②]《英格兰外语教学政策视角下的中文培优项目探究》，阐述了英国英格兰地区的现代外语教学政策变化，探讨其政策背景下近年来最大的中文支持项目——中文培优项目（Mandarin Excellence Programme，简称MEP）的诞生和发展。通过对中文培优项目经验的总结来探索现代中文教学应该如何立足并确定长期稳定发展的策略及方向。王圆圆、姜丽萍[③]《英国新GCSE汉语考试的考察分析与启示》，指出作为被纳入英国"国家课程"体系的测试，英国新GCSE汉语考试在合理分级设置、注重对有意义交际活动的考查、突出语际转换、构建立体化评分标准方面对我国中文水平考试（HSK）未来的发展具有较强的启发与借鉴意义。

总体来说，英国中文教育现有研究多从语言学或教育学等单一学科视角切入，基于区域国别视角进行综合研究的成果还不多见，缺乏将英国中文教育的外部政策环境、孔子学院发展、中文教学方法和教学资源建设等内容整合系统性的研究。

三、研究方法及框架

本书立足全球化与跨文化语境，聚焦英国中文教育的历史脉络、政策环境与实践路径，从宏观、中观和微观三个层次系统解析其在多元文化社会中的发展特征与挑战。以区域国别研究为方法论框架，结合政策分析、田野调查与案例研究，构建英国中文教育的立体图景，每章节均包括宏观研究和个案研究。

---

① 梁吉平，贾培兰. 海外孔子学院课程设置研究——以英国14所孔子学院为例[J]. 云南师范大学学报（对外汉语教学与研究版），2021，19（02）：19-28.

② 潘琳，唐艳文，胡文静. 英格兰外语教学政策视角下的中文培优项目探究[J]. 国际中文教育（中英文），2023，8（02）：77-88.

③ 王圆圆，姜丽萍. 英国新GCSE汉语考试的考察分析与启示[J]. 天津师范大学学报（社会科学版），2024，（04）：18-28.

（一）研究方法

研究采用文献研究法、文本分析法、数据库研究法，个案研究法以及民族志、田野调查、深度访谈、扎根理论等质性研究方法。区域国别中文教育研究要求对特定国家或地区中文教育进行深入分析，这就需要研究者在所研究的国家和地区进行长时间观察，研究者需要具备一定的田野调查能力和条件。笔者曾在英国孔子学院担任 3 年国际中文教师，深入英国大学、中学、小学、社区等地进行教学和调研，获得了大量一手实证数据，具有开展研究的现实基础。

研究运用文献研究法对英国中文教育研究进行了梳理、分类和分析；对英国四个地区的外语教育政策进行文本分析，探讨其对中文教育的影响；自建英国孔子学院数据库，以量化的方式对英国孔子学院现状进行分析，总结其发展特征；通过参与式观察和深度访谈，提炼英国中文教学方法，运用有声思维和扎根理论的方法讨论英国中文教师对于中英合作教材的使用感受；对每个研究内容都选取了典型个案进行深入，从而确保研究的立体性。

（二）研究框架

本书作为区域国别视角下英国中文教育的综合研究，综合考察了英国中文教育的多个方面，具体包括外语教育政策、孔子学院发展、教学方法创新、教学资源建设四个方面。具体框架如下：

第一章“绪论”，说明研究背景及意义，系统梳理研究现状，包括区域国别中文教育及英国中文教育研究现状，对研究方法和框架进行说明。

第二章“英国外语教育政策及中文教育”，聚焦多元文化外语教育背景，深入探讨了中文融入英国国民教育体系的相关策略。通过对相关背景和现状的分析，提出了一系列有助于加强中文在英国国民教育体系中地位和影响力的策略。对英国发布的重要报告《外语价值与英国经济》进行解读，总结其对中文教育发展的启示。选取苏格兰中文教育作为个案进行研究，提出发展策略。

第三章“英国孔子学院建设与发展”，以自建数据库的方法对英国孔子学院中文教育实践情况进行分析，如教学情况、师资情况、文化活动、典型项目等，提炼其发展特点，选取赫尔大学孔子学院作为个案进行研究，总结特点，提出发展策略。

第四章“英国中文教育创新教学方法”，通过参与式观察和对本土中文教师的深度访谈，提炼英国中文教学方法。对国际中文教育“表达驱动”的理论和实践进行深入阐释，以英国中文教育国际合作项目的应用为个案，探讨国际中文教育标准系列文件中的《国际中文教学通用课程大纲》的应用价值与实践路径。

第五章“英国中文教学资源发展”，通过自建英国中文教学资源数据库，系统梳理了英国基础教育阶段、高等教育阶段、华人社区和学校以及孔子学院和课堂中文教学资源的发展情况，并对未来英国中文教学资源建设提出建议。选取中英合作建设的教材《走遍中国》作为个案进行研究，运用有声思维法收集数据，选取了8位英国中文教师基于《国际中文教材评价标准》对《走遍中国》1–4册的使用情况进行评价，并对评价结果进行了整体分析。

第六章“结语”，对全书内容进行总结，提出研究不足和未来展望。

第二章　英国外语教育政策及中文教育发展

外语教育政策是一个国家外语教育的顶层设计，指各国在特定时期内为实现和服务一定社会、政治、经济、文化的目标在外语教育领域，由国家或政府所采取的政治行为和规定[①]。外语教育政策是语言政策与规划（Language Policy and Planning，简称 LPP）的重要组成部分，直接影响外语教育的实践与发展，外语教育实践事实上也是语言政策的结果和表现。英国社会以高度的文化多样性著称，其外语教育政策长期以来致力于平衡多元文化需求与国家核心利益。这种多元文化背景既为外语教育提供了丰富的实践土壤，也带来了政策制定的复杂性。政府需要在保障少数族裔语言权利的同时，强化英语作为国际通用语言的核心地位，并根据全球经济与外交形势，有针对性地推动特定外语的普及与发展。

近年来，随着中国的经济增长与国际影响力的持续提升，中文在全球范围内的战略价值日益凸显。英国从政府层面的政策引导，到学术机构的研究支持，再到典型项目的实施，中文教育在英国的发展呈现出全方位、多层次的推进态势。《外语价值与英国经济》报告的发布，更是从经济利益的维度，为中文教育的重要性提供了数据支撑，进一步推动了中文融入英国国民教育体系的进程。

本章将从历史与现实、理论与实践相结合的视角，深入探讨英国外语教育政策的演进逻辑及其对中文教育发展的影响。第一节通过对英国多元文化外语教育背景的剖析，揭示中文融入国民教育体系的战略路径；第二节通过

---

① 谢倩．外语教育政策的国际比较研究［D］．华东师范大学，2011.

解读《外语价值与英国经济》报告，明晰中文教育与英国经济发展的内在关联；第三节以苏格兰中文教育模式为典型案例，展现英国中文教育在本土化实践中的创新与探索。这些研究不仅有助于理解英国外语教育政策的内在逻辑，更为我国支持世界各国中文教育发展、促进文化交流提供了参考与借鉴。

第一节　英国多元文化外语教育背景下加强中文融入国民教育体系策略[①]

中英两国于 1972 年建立大使级外交关系，自 2012 年起建立高级别人文交流机制，半个世纪以来在经贸、科技、教育、文化等领域展开了深入合作。随着中文的价值不断提升，英国中文教育迅速发展，研究成果不断涌现，国内外学者对英国中文教育发展的政策背景、历史与现状、教学资源等方面进行了考察[②]，但系统解读外语教育政策并提出中文融入英国国民教育体系策略的研究相对匮乏。本节重点分析英国四个地区的外语教育政策，梳理各地中文教育发展现状及面临挑战，讨论外部环境对中文教育融入的积极影响，并就如何顺应当地外语教育政策、有效加强中文融入英国国民基础教育体系提出几点想法和建议。

一、英国多元文化背景下的外语教育政策

语言教育政策包含学校的外语教育问题，习得规划的概念提出后，语言教育政策有了正式的学科地位。语言教育政策体现政府或其他权力机构的意识形态，这种意识形态能够通过学校语言教学来进行实践。外语教育政策既存在于各国政府颁发的战略、工作计划、白皮书和行动计划等显性政策文件中，

① 本节参考并引用自：于泓珊，张新生，钟英华．多元文化外语教育背景下加强中文融入英国国民教育体系策略研究 [J]．河南大学学报（社会科学版），2024，64（04）：112-119+155.

② McLelland N, German Through English Eyes. A History of Language Teaching and Learning in Britain, 1500 - 2000, Wiesbaden: Harrassowitz, 2015; Terasa Tinsley, Kathryn Board, The teaching of Chinese in the UK, https://www.britishcouncil.org/sites/default/files/alcantara_full_report_jun15.pdf，2014 年 8 月 1 日；张新生，李明芳．英国中文教育近年发展情况述评 [J]．国际汉语教学研究，2022，（01）：4-14+25. 于泓珊，张新生．英国中文教学资源发展研究 [J]．云南师范大学学报（对外汉语教学与研究版），2022，20（05）：42-52.

也存在于其倡导的文化理念、价值观、实施机制等隐性行为规范之中。

英国是一个多民族、多语言、多文化共存的国家。截至 2020 年 6 月，英国共有人口约 6708 万，其中英格兰人口最多，占 84.3%，其次是苏格兰（8.2%）、威尔士（4.7%）和北爱尔兰（2.8%）。2022 年，英国净移民人数达 74.5 万。疫情后，绝大多数移民来自欧盟以外地区，有 96.8 万移民来自非洲、亚洲和其他地方的国家①。英国的多元文化社会在中小学中有明显体现，例如英格兰几乎 90% 的小学中有英语作为附加语言（English is an Additional Language，简称 EAL）②的学生。不同种族的人口分布如表 2—1 所示，白人以外的种族占 16.7%，亚洲人口中华人为 490，023 人，占总人口的 0.73%③。英国政府认为学校应实施多元文化教育，以帮助学生接纳不同的文化，多元文化教育的概念反映在国家课程，特别是现代外语、公民教育和宗教教育等学科上④。

表2-1英国不同种族人口分布（截至2021年2月数据）

种族	人口（人）	比例
白人	55，756，781	83.3%
亚洲人	5，690，325	8.5%
黑人	2，462，405	3.68%
混血	1，752，893	2.62%
其他	1，264，321	1.89%
合计	66，937，321	100%

（一）英格兰外语教育政策

1. 外语教育准入政策

《国家课程大纲》（*National Curriculum*）中规定，英格兰的公立学校，

① 搜狐新闻. 2022 年英国净移民人数达创纪录的 74.5 万，移民政策将很快收紧！[EB/OL].（2021-11-15）[2024-2-25]. https://news.sohu.com/a/738936523_121124414.

② Language Trends 2023—Language teaching in primary and secondary schools in England. [EB/OL].（2023-06-01）[2024-2-25]. https://www.britishcouncil.org/research-insight/language-trends-england-2023.

③ 维基百科英国人口统计 [EB/OL].（2020-11-10）[2024-2-10]. https://en.wikipedia.org/wiki/Demography_of_the_United_Kingdom#Population.

④ Burnett G D，刘绪. 英国的多元文化教育与公民教育 [J]. 湖南师范大学教育科学学报，2014，13（04）：5-11+17.

外语在小学第二关键阶段（7—11 岁）为必修科目，可选择古典外语（古希腊语和拉丁语）或现代外语。现代外语在中学第三关键阶段（11—14 岁）为必修科目，在第四关键阶段（14—16 岁）为选修科目。政府对于语种选择没有强制要求，学校可自主选择开设外语课程，大部分学校选择法语、西班牙语和德语中的一种或多种。2010 年英国政府推出“英国文凭”（English Baccalaureate，简称 EBacc）政策，将外语设置为“核心课程”，目标为：2022 年和 2025 年英国公立学校中分别有 75% 和 90% 的 10 年级学生选择组合课程，政策目标为年轻人提供未来学习和职业发展的多元选择。

2. 英格兰外语教育战略——从“精英的学科”到“全民的外语”的外语教育民主化

16 世纪到 18 世纪，外语学习被认为是专属于英国贵族阶级的“精英学科”。19 世纪 30 年代，法语和德语首次作为外语学科被引入了英格兰的公立重点中学文法学校（Grammar Schools）和贵族化的付费公学（Public Schools）。1851 年为贫困阶层开设的公立学校提供现代外语课程。20 世纪 50 年代，英国基础教育改革，公立综合中学开始取代三轨制的文法学校、技术中学和现代中学。20 世纪 60 年代，现代外语逐渐进入了综合中学课程体系。1988 年引入《国家课程大纲》后，学习外语的学生占大多数，1997 年英格兰学习外语的学生人数达到高峰，有 82% 的女生和 73% 的男生在“普通中等教育证书考试”（General Certificate of Secondary Education，简称 GCSE）中选择外语[①]。

纳菲尔德语言调查（*Nuffield Language Enquiry*）在 2000 年发布了报告《语言：下一代》（*Languages:The Next Generation*），认为英国的外语教育处于危机之中，英国需要提高公民法语以外的其他外语的应用能力，英国政府没有制定连贯一致的外语教育政策。在此背景下，2002 年英国教育技能部（Department for Education and Skills，简称 DfES）颁布了《语言学习》（*Language Learning*）的战略性规划报告，分析了英国外语教育面临的挑战，提出未来十年提高英国国家外语能力的策略。随后又在《语言学习》规划的基础上颁布了《全民的语言：生活的语言——英格兰战略》（*Languages for*

① Vidal Rodeiro, C.L. 2009. Some Issues on the Uptake of Modern Foreign Languages at GCSE. Statistics Report Series No.10. Cambridge: Cambridge Assessment[EB/OL].(2009-06-01) [2022-2-25].http://www.cambridgeassessment.org.uk/ca/digitalAssets/181126_Uptake_of_Modern_Foreign_Languages_-_Stats_Report_No_10.pdf.

All: Languages for Life—A Strategy for England）[①]。该战略指出："21 世纪，外语和跨文化理解力是公民必备能力，对促进本国公民与世界其他国家公民之间的相互理解起到重要作用。语言是终身技能，有助于民众在工作和生活中开辟沟通与探索的通道"。该战略强调外语教育应该面向所有社会阶层、所有年龄、不同性别的民众，面向主流学校和特殊教育学校的所有学生，首次从战略层面实现了英国外语教育的民主化转变，体现了多元文化的认同。

进入 21 世纪后，英格兰政府更加重视语言的经济价值及其对人力资本的提升，通过顶层设计制定中文教育政策推进中文进入中小学课程体系。英国教育部在 2016 年发起了为期 5 年的"中文培优"项目（Mandarin Excellence Programme，简称 MEP 项目），投资约 1640 万英镑在英格兰公立中学开设中文课程，目的是提高中学中文教学的数量和质量，使学生在未来就业中获得潜在优势[②]，使教师掌握有效教学方法以帮助学生改变"中文很难"的固有印象，永久增加公立学校开设中文的数量及第四关键阶段学习中文的人数[③]。

（二）威尔士外语教育政策

1. 外语教育准入政策

威尔士政府 20 世纪末开始大力实施威尔士语的保护和复兴[④]。威尔士实施"双语（英语和威尔士语）+1 门外语"的语言教育政策，现代外语在中学第三关键阶段（11—14 岁）为必修科目，在第四关键阶段（14—16 岁）为选修科目。2022 年 9 月，威尔士开始实施最新的《2022 威尔士课程大纲》（*Curriculum for Wales 2022*），用"国际语言"取代了原有大纲中的"现代外语"[⑤]。这次调整是威尔士政府首次将外语设置为第二关键阶段（7—11 岁）

---

① 英国外语教育政策文本中常使用术语"语言"（language）来代表"外语"（foreign language），意指英语和当地土著语言外的古典外语和现代外语。

② The Mandarin Excellence Programme Evaluation of the first five years[EB/OL].(2022-10-01)[2023-10-05].https://ci.ioe.ac.uk/mandarin-excellence-programme/mep-independent-evaluation-2/.

③ The Mandarin Excellence Programme Evaluation of the first five years[EB/OL].(2022-10-01)[2023-10-05].https://ci.ioe.ac.uk/mandarin-excellence-programme/mep-independent-evaluation-2/.

④ 张新生，李明芳．威尔士语复兴的经验与思考 [J]. 语言战略研究，2019，4（03）：45-52.

⑤ "国际语言"包含法语、中文等已经在学校中教授的外语及波兰语和孟加拉语等社区语言、古典外语及英国手语。

的必修课程，规定学生应从小学阶段开始掌握一门威尔士语及英语以外的国际语言。

2. 威尔士外语教育战略——学习“国际语言”，促进多元文化发展

为了应对不断减少的外语学习人数，威尔士政府于 2015 年 12 月发布了名为《全球未来：威尔士现代外语 2015-2020 促进计划》（Global Futures:A plan to improve and promote modern foreign languages in Wales 2015-2020）[①] 的外语教育战略，采取了一系列措施促进外语教育并取得了初步成果。《计划 2015-2020》的愿景是“让威尔士的所有学习者都成为全球公民，能够有效地用外语沟通并了解其他文化”，主要战略是实施“双语（英语和威尔士语）+1 门现代外语”的政策，鼓励小学在 5 年级开设一门现代外语课程。随后，2020 年威尔士政府发布了《全球未来：威尔士现代外语 2020—2022 促进计划》（Global Futures:A plan to improve and promote modern foreign languages in Wales 2020-2022）[②]，其愿景是“让威尔士成为一个多语地区，确保所有的学习者能够从学习国际语言中受益，成为雄心勃勃且有能力的学习者，准备好成为威尔士和世界公民”。2022 年 11 月 30 日，威尔士政府发布了《全球未来：威尔士国际语言促进计划 2022—2025》（Global Futures:A plan to improve and promote international languages in Wales 2022—2025），该战略强调多元文化、多语学习，愿景为：“让威尔士成为一个真正的多语地区，增加外语学习者的人数，支持学习者成为威尔士和世界公民，充分发挥潜能，通过学习语言和文化来拓宽视野，在全球经济中更具竞争力”。

主要战略目标和行动包括：（1）支持威尔士有意义的国际语言课程开发与实施，为学校和教师提供必要的支持。战略行动包括：为所有的教育主体提供指导意见，提高对多语重要性的认识；支持学校和机构规划国际语言课程；继续在小学开展活动，为实施《威尔士课程大纲 2022》作准备；继续与全球

---

① Wales Government.Global Futures:A plan to improve and promote modern foreign languages in Wales 2015-2020[EB/OL].https://www.gov.wales/global-futures-modern-foreign-languages-plan, 2015-10.

② Wales Government.Global Futures:A plan to improve and promote modern foreign languages in Wales 2020-2022[EB/OL].(2020-08-01) [2023-12-10].https://www.gov.wales/global-futures-plan-improve-and-promote-modern-foreign-languages-wales-2020-2022-html, 2020-08.

未来合作伙伴紧密合作，解决中学现代外语课程接受度的问题。（2）为教师提供教授国际语言所需要的技能、知识和经验，例如与合作伙伴一起提供培训，增加教师教授国际语言的信心。战略行动包括：增加小学生体验外语学习的机会，在中学考试课程中提供外语学习机会；通过开放大学的“教师学习教授外语计划”（TELT）向小学教师提供直接支持，旨在提高小学教师外语教学及教授法语、德语、西班牙语或中文普通话的能力。（3）挑战学习国际语言的误解，在学习国际语言方面存在的一系列误解以及对外语对于工作和生活价值的不了解使英国学习外语的人数持续下降，将采取以下具体的战略行动来消除误解，如：扩大与全球未来合作伙伴的协作，确保传达一致的信息来提升国际语言的形象；提供关于国际语言的积极的信息，挑战对语言学习的负面认识。

（三）北爱尔兰外语教育政策

1. 外语教育准入政策

北爱尔兰是英国唯一外语在小学不是必修课的地区，目前仅在中学第三关键阶段（11—14 岁）为必修课，是欧洲外语必修时长最短的地区。在语种选择方面，中学至少要开设一门欧洲国家的官方语言作为外语课程，在此之外可以开设其他外语课程。北爱尔兰政府对外语课时没有给出指导性建议，中小学校长在外语教育方面具有自主权。

2. 北爱尔兰外语教育战略——未来国际社会生存必备能力

北爱尔兰政府于 2012 年发布了《面向未来的语言——北爱尔兰语言战略》（*Languages for the Future Northern Ireland Language Strategy*）[①]，该战略强调语言的经济价值和文化价值，表示学习外语能够促进学生的认知发展，提高沟通能力和跨文化交际能力，从而提升人力资本，外语是公民未来在国际社会生存的必备能力。主要战略目标包括：（1）推进作为关键生活技能的语言；（2）推进教育中的语言；（3）扩大语言资格范围；（4）鼓励提升全球意识；（5）重点提高儿童和年轻人的语言技能；（6）鼓励不同文化背景成员之间的交流和互相理解。

---

① Languages for the Future—Northern Ireland Languages Stragegy[EB/OL].(2012-09-18) [2023-12-10].https://www.education-ni.gov.uk/sites/default/files/publications/de/languages-for-the-future.pdf.

（三）苏格兰外语教育政策

1. 外语教育准入政策

苏格兰政府提出“1+2”语言教育政策（1+2 Language Policy），在小学 1 年级至中学 3 年级（5—14 岁）开设第一外语，包括法语、西班牙语、盖尔语、德语、意大利语、乌尔都语、中文普通话及粤语，小学 5 年级开设第二外语，第二外语可以是学校能够开设的任何一门外语科目，还包括苏格兰语及英国手语。

2. 苏格兰外语教育战略——拓展全球视野，维护语言多样性

苏格兰政府非常重视外语教育，2011 年政府成立了“语言工作组”（Language Working Group，简称 LWP），专门讨论如何在学校促进外语学习。2012 年语言工作组发布了《苏格兰语言学习：1+2 路径》（*Language Learning in Scotland:A 1+2 Approach*）报告，提出除了母语之外，每个学生还应学习两门外语，小学一年级开始有机会学习第一门外语，五年级开始学习第二门外语。2013 年政府成立“战略实施组”（Strategic Implementation Group），监督“1+2”战略的落实情况。该项目原计划在 2021 年 8 月前在苏格兰每一所学校实施，后由于疫情因素延长至 2022 年 8 月实施。

该战略指出了语言学习的重要性：（1）语言学习能够改善生活，打开通往世界的大门，学习一门外语能够促进各国人民深入交流；（2）卓越课程（Curriculum for Excellence，简称 CfE）能够为年轻人赋能，认为语言学习能够提升交际能力，为年轻人充分参与全球社会和经济赋能；（3）积极的语言学习体验能够帮助年轻人成为成功的学习者、自信的个体、高效的贡献者和负责任的公民；（4）全球贸易和旅游的不断发展使外语学习成为必然；（5）苏格兰语言教育政策体现苏格兰作为一个多元化、多元文化和多语地区的发展①。苏格兰重视外语拓展全球视野的作用可以从中文教育实践中体现，政府建立的国家语言中心（Scoltland’s National Centre for Languages，简称 SCILT）与中国合作建立了苏格兰中小学孔子学院，在苏格兰全境中小学推进中文教育及中国文化传播。

综上所述，英国多元文化外语教育政策在基础教育阶段主要体现在以下

---

① Language learning in Scotland:a 1+2 approach,https://www.gov.scot/publications/language-learning-scotland-12-approach/pages/3/,2012 年 5 月 17 日。

几个方面：（1）政策开放，认为学习外语能培养全球视野，使公民接纳不同文化的价值，实现自我成长；（2）政策灵活，认为每个学习者，不论性别、民族、阶级、种族，都拥有平等的外语学习机会和自由选择语种的权利，学校自主开设外语课程并设置课时；（3）尊重学生的不同文化，教师采取多语言方法，满足学生多样化的需求，助力学生实现多元文化认同；（4）重视外语的经济价值，认为学习外语能够提升人力资本，有助于学生参与全球经济生活。

二、中文融入英国国民基础教育体系情况

过去 20 年间，英国外语教育持续衰退，初中及高中外语考试的报名人数持续下降[①]，2023 年 10 月最新的民意调查显示只有 21% 的英国成年人可以用外语进行对话，严重落后于欧洲其他国家[②]。英国因公民不能用外语与合作伙伴有效交流而造成的贸易和投资损失估值为英国全年国内生产总值（GDP）的 3.5%[③]。面对这样的情况，英国有多个学术组织、机构和个人就外语教育实践落后的问题发声。2020 年，英国国家学术院（British Academy）作为重要的“语言提倡者”与其他四所重要机构联合发布了《面向全国的语言战略：语言与技能》（Towards a national languages strategy:education and skills）提案，提出了面向英国四个地区的 12 个月以内的短期行动方案及 1—5 年的中长期行动方案，期望政府采取行动解决英国外语教育目前面临的危机。在各级“语言提倡者”的不断努力下，2023 年参加 GCSE 外语考试的学生人数比 2022 年

---

① The British Academy and the University Council of Modern Languages (UCML), Languages Learning in Higher Education: Granular Trends[EB/OL]. (2022-11-01) [2024-2-10]. https://www.thebritishacademy.ac.uk/documents/4437/Languages-learning-in-higher-education-November_2022_vf.pdf.

② British Academy, The landscape for humanities and social sciences in higher education: the current picture. [EB/OL]. (2021-09-01) [2024-2-10]. https://www.thebritishacademy.ac.uk/documents/84/TheLandscapeForHumanitiesAndSocialSciencesInHigherEducation_0.pdf.

③ Foreman-Peck, J and Wang, Y, The Costs to the UK of Language Deficiencies as a Barrier to UK Engagement in Exporting: A Report to UK Trade & Investment[EB/OL]. [2023-12-10]. https://assets.publishing.service.gov.uk/government/uploads/system/uploads/attachment_data/file/309899/Costs_to_UK_of_language_deficiencies_as_barrier_to_UK_engagement_in_exporting.pdf.

上升了 5.1%，比 2019 年上升了 9.2%[①]，西班牙语、阿拉伯语、乌尔都语及中文成为了英格兰、威尔士和北爱尔兰 GCSE 考试最受欢迎的外语[②]。与其他语种项目，参加中文考试的人数实现了大幅度增长。2023 年英国参加 GCSE 中文考试的学生为 7901 人，比 2019 年的 3201 人增长了 146.8%[③]，比 2011 年的 2104 人增长了 275.5%[④]。

（一）英中合作推动中文成为英格兰中小学主流外语教育语种之一

英格兰开设学校最多的三大外语为法语、西班牙语和德语，小学中文教育规模较小，尚处于起步阶段。2023 年接受调研的 575 所公立小学中，只有 2% 的学校开设中文。中学阶段中文教育发展迅速，2022 年，22% 的私立学校和 7% 的公立学校在第三关键阶段将中文纳入正式课程体系。2023 年，中文成为公立中学第三关键阶段传统三大外语以外最受欢迎的语言[⑤]。

中文已经成为英格兰中小学教授的主流外语之一，其显著原因是英格兰秉持多元务实态度，政府积极与中方开展互利合作，背后深层次影响因素是中英两国多年来持续向前发展的外交关系。2006 年 4 月，英国教育技能部与中国教育部就教育合作进行了部长级会谈，7 月签署了《中英汉语教学合作研讨会谅解备忘录》。在之后的近 20 年中，孔子学院在推进中文融入英格兰基础教育体系中发挥了关键作用。典型案例如伦敦大学学院教育学院孔子学院（the IOE Confucius Institute for Schools，简称 IOE 孔子学院）。IOE 孔子学

---

① GCSEs 2023: Government says results are starting to return to normalt[EB/OL].(2023-08-24)[2023-12-10].https://rdg.today/gcses-2023-government-says-results-are-starting-to-return-to-normal/

② British Council Statement on modern foreign languages GCSE results(2023-09-25)[2023-12-10].https://www.britishcouncil.org/about/press/british-council-statement-modern-foreign-languages-gcse-results-2。

③ Joint Council for Qualifications. GCSE Other Modern Foreign Languages Entries Summer 2019,2022 and 2023[EB/OL](2023-08-24)[2023-12-10].https://www.jcq.org.uk/wp-content/uploads/2023/08/GCSE-Other-MFL-Entries-Summer-2023.pdf.

④ Teresa Tinsley, Kathryn Board. The Teaching of Chinese in the UK[EB/OL](2014-08-01)[2023-12-10].https://www.britishcouncil.org/sites/default/files/alcantara_full_report_jun15.pdf.

⑤ Language Trends 2023—Language teaching in primary and secondary schools in England[EB/OL](2023-06-01)[2023-12-10].https://www.britishcouncil.org/research-insight/language-trends-england-2023.

院成立于 2006 年，是全球第一所以中小学为基础的孔子学院，建立了一个由 39 所孔子课堂组成的学校网络，助力中文进入当地学校正式课程体系。IOE 孔子学院重视中文教学资源建设，与培生教育集团合作出版了一系列中文教材，建立了中小学在线中文教学资源库。孔子学院还开展了 PGCE 中文教师教育项目，培养具有英格兰公立中小学教师资格（Qualified Teachers' Status，简称 QTS）的专业教师。IOE 孔子学院与英国文化教育协会合作实施了“中文培优”项目。截至 2023 年 9 月，参加学校已从第一年的 14 所增至 81 所，2024–2025 学年有望达到 100 所。该项目增加了非华裔背景学生参加中文中学考试的人数[①]。除此以外，英格兰其他孔子学院也在积极推进中文进入中小学，例如赫尔大学孔子学院开展“回音壁”中文创新教学项目，用唱歌的方式让东约克郡地区的中小学生感知中文的魅力。

（二）威尔士政府和孔子学院建立战略伙伴关系开展中小学中文教学项目

威尔士开设最多的三大外语同样也是法语、西班牙语和德语。2022—2023 学年，分别有 7% 的小学在 3 年级和 6 年级开设了中文课程。2023 年接受调研的 67 所公立中学中，2% 的中学在 8 年级开设中文课程，少数学校面向全校学生开设中文课程，15% 的学校将中文作为第三关键阶段课程大纲外的活动课开设，比 2022 年的 6% 有大幅度上升[②]。

威尔士政府支持多语多元文化发展，与孔子学院建立了中文教育战略合作伙伴关系。威尔士有 3 所孔子学院和 16 个孔子课堂。2022 年 9 月，政府规定外语成为小学第二关键阶段必修课程，孔子学院顺势而为，积极从课程、教师、教学资源等几个方面提供服务，加强中文融入威尔士基础教育体系。3 所孔子学院自 2008 年联合开展了“威中中小学中文教学项目”（the Wales China Schools Project），与 40 余所中小学合作开展中文教学，提供 GCSE 和 A-level 中文课程、小学 YCT 课程和中学 HSK 课程、威尔士联合教育委员会

---

① The Mandarin Excellence Programme Evaluation Report 2021-2022[EB/OL](2023-05-02)[2023-10-04]. https://www.britishcouncil.org/mandarin-excellence-programme-%E2%80%93-latest-evaluation-results.

② Language Trends Northern Ireland 2023-Language teaching in primary and post-primary schools[EB/OL](2023-06-01)[2023-10-01]. https://www.britishcouncil.org/research-policy-insight/research-reports/language-trends-NI-2023.

外语资格课程（WJEC language pathway）以及其他语言文化课程①。“威尔士中国学校项目”得到威尔士政府的资金支持，威尔士政府自 2014 年至 2022 年每年向英国文化教育协会提供约 45，000 英镑的资金支持该项目，作为国际教育项目资助的一部分②。卡迪夫大学孔子学院负责该项目的管理，建立了威尔士政府协调专员机制，通过参与“全球引领未来组织”（Global Futures Steering Group），为威尔士政府提供中文教育服务。截至 2022 年 9 月，威尔士孔子学院面向 16 所学校的 850 名小学生开展中国语言文化教学，面向 17 所学校的 1600 名中学生开展中国语言文化教学，中小学长期中文教学课时及学生人数都有大幅度增长③。威尔士孔子学院提供的中文教育具体内容参见表 2。

表2　威尔士孔子学院战略行动

战略行动	战略内容	孔子学院提供的中文教育服务（截至2022年9月）
战略行动1：支持小学规划国际语言教学	孔子学院将持续为威尔士小学提供专业支持，孔子课堂将开发适合混合式学习的教学资源。学校中文课时也在持续增加。	中文教学：威尔士孔子学院面向12所小学，1所私立学校，3所3-19岁的学校的850名小学生开展中国语言文化教学，其中5所学校建立了孔子课堂。自复活节以来，小学长期中文教学课时增加了10%； 师资培训： 班戈大学孔子学院：为威尔士北部的小学教师提供线上课程，1小时/周，10周，4—9月； 卡迪夫大学孔子学院：提供中文课程，1小时/周，6周，6—7月； 三一圣大卫大学孔子学院：为第二、三关键阶段的教师提供中文教学课程，2小时/周，12周/10学分level4

① Cardiff Confucius Institute, Chinese in Schools[EB/OL](2023-08-01)[2023-12-01]. https://www.cardiff.ac.uk/confucius-institute/chinese-in-schools.

② Confucius Institute in Wales[EB/OL](2023-11-09)[2024-02-01]. https://www.gov.wales/atisn19152.

③ Global Futures Updates on strategic actions related to Wales Confucius Institute[EB/OL](2022-05-18)[2023-12-01]. https://www.gov.wales/sites/default/files/publications/2023-11/atisn19152doc4a.pdf.

（续表）

战略行动	战略内容	孔子学院提供的中文教育服务（截至2022年9月）
战略行动2：增加学习者体验外语考试课程的机会	孔子学院将继续为学校提供GCSE中文考试、HSK汉语水平考试和YCT备考课程支持。我们将继续组织学校课程体系内外的线下文化活动及相关的线上活动（中国春节等），以及中文体验课程。	2022年3月，来自13所学校的近500名学生参加了备考课程： GCSE—3个学校的42名学生； HSK—来自6个学校的74名学生 YCT—来自6个学校的373名学生 Language Pathways—来自2个学校的11名学生 三一圣大卫大学孔子学院的中文学校有120名学生在学校学习HSK、YCT、GCSE和A级课程，每周2课时； 卡迪夫大学孔子学院将于2022年9月开始在Ysgol Cwm Rhymni开设A-level中文课程； 其他课程：除了考试课程以外，还有来自21所学校的2000名学生参与了中文常规课程、文化活动及体验课。
战略行动7：通过由卡迪夫大学领导的2020-21年现代外语（MFL）学生指导计划，为中学提供直接支持。	孔子学院： “威尔士—中国学校”项目由卡迪夫大学孔子学院管理和协调。混合式学习的教师专业发展CPD课程定期面向教师开展，包括中文学习课程。	中文教学： 威尔士孔子学院面向16所中学，1所3-19岁的学校的1600名中学生开展中国语言文化教学，其中8所学校建立了孔子课堂。自复活节以来，中学长期中文教学课时增加了30%，学生人数翻倍； 北威尔士的300余名学生参与了语言文化工作坊及太极课程； 卡迪夫大学孔子学院实现了中学中文教学的大规模增长，YsgolCwmRhamni学校的中文学生人数提升了360%，从76人增加至350人，Ysgol Eirias提升了400%，从42人增加至216人，

（三）北爱尔兰孔子学院为中小学多元文化发展提供支持和优质服务

北爱尔兰有 794 所小学及 192 所中学，小学阶段外语不是必修课程。在 2023 年接受调研的 82 所小学中，北爱尔兰小学开设最多的三种外语为西班牙语、爱尔兰语和法语，24.4% 的小学开设其他外语（包括中文）。中学开设最多的三种外语为法语、西班牙语、爱尔兰语，接受调研的 9 年级学生中有 5.1% 表示他们最想学习中文。20.7% 的学校将中文作为第四关键阶段课程大纲外的活动课开设①。

北爱尔兰有多元语言教育环境，2021—2022 学年，有约 90 种语言在中小学中被使用。由于北爱尔兰外语教育政策比较灵活，缺乏刚性，且小学缺乏明确的外语学习通道，与中学外语教育衔接不畅，小学阶段是否开设中文课程较大程度上取决于校长对于外语，特别是中文教育重要性的认识及重视程度以及是否具备开设中文课程的条件。2023 年调研显示，51% 的小学在课程体系内开设外语课程，其他小学不开设外语课程的主要原因包括缺乏资金支持、专业知识及教学资源等，学生不了解学习外语对职业发展的价值从而缺乏学习外语的意愿。孔子学院针对这些问题和需求提出了解决方案。奥斯特大学孔子学院是北爱地区唯一的孔子学院，成立于 2012 年，建立了 8 个孔子课堂，与当地 160 所大中小学开展合作，平均每年接收中文学习者 2 万余人，孔院与北爱各界携手合作，提供优质中文教育、师资和教学资源，支持多元文化发展，成为北爱尔兰民众学习中文、了解中国文化的重要窗口。孔子学院在米尔本小学建立了中文合唱团，多首经典作品被中英主流媒体报道，该校从 2012 年起开设中文课程，全校 400 多名小学生都在学习中文和中国文化。

（四）苏格兰国家语言中心配置资源推进中文大范围融入全境中小学

在苏格兰中小学，中文更多是作为第二外语开设。2020—2021 学年，苏格兰有 6 所小学和 3 所中学将中文作为第一外语开设，有 150 所小学和 34 所学校将中文作为第二外语开设②。近年来，苏格兰参加中学中文考试的人数实现了大幅度增长，参加国家 5 级中文考试的学生人数 2016 年起实现了 160% 的增长。这与苏格兰外语教育战略及国家语言中心与孔子学院合力推动的作用密不可分。苏格兰是英国唯一由政府建立的国家语言中心直接组织并实施中文教育的地区。国家语言中心、思克莱德大学和天津市教育委员会共建的苏格兰中小学孔子学院是全英首个政府间主导的孔子学院，2012 年 6 月正式启动运行，建有 46 所孔子课堂，包括 22 所中学课堂、20 所小学课堂及 4 所

---

① Language Trends Northern Ireland 2023-Language teaching in primary and post-primary schools[EB/OL](2023-06-01)[2023-12-01]. https://www.britishcouncil.org/research-policy-insight/research-reports/language-trends-NI-2023.

② Scottish Government: 1+2 Languages Policy: Findings From the 2021 Survey of Local Authorities[EB/OL](2022-04-28)[2023-12-01]. https://www.gov.scot/publications/12-languages-policy-findings-2021-survey-local-authorities/.

特色孔子课堂中心[1]。

在中英政府大力支持及孔子学院积极推动下，英国中文融入国民教育体系效果显著，然而在融入的过程中仍然面临着以下挑战：（1）对中方资源依赖过多，可持续发展能力不足；（2）部分地区对中文多元价值认识不足，其他外语语种竞争激烈；（3）本土中文教师规模有限，公派教师和志愿者教师教学及课堂管理方法本土化程度不够；（4）四个地区外语教育政策支持程度不同，呈现地区差异。

三、英国加强中文融入国民教育体系的积极因素和已有基础

英国四个地区中文融入基础教育体系的程度和特点各不相同，总体来说融入范围和程度都在持续增长，中文受欢迎程度不断提高，这与外语教育政策所起到的积极促进作用密不可分。

（一）倡导多元文化认同的外语教育政策为中文融入开辟实施空间

霍恩伯格（Hornberger）在 2002 年提出多语政策本身对于为尽可能多的语言形成实施空间（implementational space）来说至关重要，建议语言教育者，语言规划者和语言使用者[2]应尽可能地用多语教育实践来填补这些空间。英国政府在 21 世纪越来越重视双语和多语学生的需求，四个地区的外语教育政策呈现倡导多语多元文化的特点，政府尊重学校和学习者的选择，没有硬性规定学校必须教授哪一种外语，这为加强中文教育融入国民教育体系开辟了实施空间，也为中小学中文学习需求增长提供了空间。学校可发挥其能动性，自主决定开设中文课程并设置为考试科目。

（二）重视伙伴关系的外语教育政策为建立中英合作共赢模式提供可能

英国四个地区的外语教育战略均提到要与中国伙伴合作开展中文教育，这有利于中国语言传播机构发挥作用，建立中英中文教育合作共赢模式。这种模式已有典型成功案例，例如英格兰教育部与孔子学院合作开展“中文培优”项目，威尔士政府将孔子学院作为“全球未来合作伙伴”，北爱尔兰孔院与北爱各界建立新型合作模式，苏格兰国家语言中心直接管理孔子学院，助力

---

① 苏格兰中小学孔子学院建立的 4 所特色孔子课堂中心合作对象分别为苏格兰足球协会、苏格兰皇家动物协会、苏格兰皇家音乐学院及苏格兰歌剧院。

② 文中“语言教育者”指语言学家、研究者和语言教师等人，“语言规划者”包括自上而下和自下而上的、机构和个人的语言规划行为。“语言使用者”包括学习者、父母、社区成员以及其他相关人员。

当地中文教育政策落地。

（三）追求务实文化的外语教育政策为中文融入提供现实意义

追求务实文化是英国外语教育政策的主要特征之一。英国四个地区的外语教育战略均提到了语言的经济价值，学习外语能够增加人力资本，从而在全球经济贸易市场中更具竞争力，是国际化生存必备能力。中国经济持续稳定高质量增长以及中英之间互惠互利的经贸合作是英国中文教育持续开展的有力保障，英国文化教育协会（British Council）2017年发布的《面向未来的语言》（Languages for the Future）报告将中文列为对英国未来的繁荣、安全和世界影响力最为重要的语言之一，英国工业联合会（CBI）的报告《面向现代世界的教育》也将中文列为商业所需的最重要的语言之一。在务实文化引领下，英格兰、苏格兰和威尔士政府均投入资金支持开展中文教育项目。

四、加强中文融入英国国民基础教育体系的现实应对策略[①]

加强中文融入英国国民教育体系应积极响应当地外语教育政策，凸显中文多元价值，充分激发中文教育多元主体能动性，着力打造本地合作伙伴关系、建设中英中文教育合作共赢新模式，针对地区差异性特色因势利导，从而多层面推动中文教育融入国民教育体系。

（一）积极响应英国外语教育政策，凸显中文多元价值

1.搭建人文交流平台，多角度阐释学习中文对青少年多元文化发展的促进作用

英国四个地区的外语教育战略文本中均表示学习外语可以促进不同文化之间的理解。中文以丰富的信息量和优美的书写方式承载着深厚的文化底蕴和文化内涵，其独特性及承载的人类价值[②]契合英国维护语言多样性，追求文化多元化的特点。可积极搭建中外交流平台，面向英国中文教育政策制定者、中小学校长、外语教育负责人等从语言交际、文化交流、能力提升多个角度阐释开设中文课程对促进青少年多元文化发展的积极作用，激发外方开展中文教育的积极性，逐步减少对中方资源的依赖。

---

① 本节主要观点已收录在报告《加强中文融入英国国民教育体系策略研究》中，于2024年1月被教育部中外语言交流合作中心采纳。

② 李宇明．中文国际传播的动力问题［J］．全球中文发展研究，2023，（01）：25-41.

2. 精准对接需求，在课程设置、教学内容选择和文化活动组织方面拓宽服务范围

一是以英国中小学需求为导向开设课程，可结合英国学校重视音乐与戏剧教育的特点，开设“唱歌学中文”或“中文戏剧表演”类课程，丰富中文课程种类。二是针对英国中小学没有固定教材的特点，在教学内容中适时补充中国在经济发展、科技创新、文化传承、教育改革、环境保护等领域的最新进展和成效。三是促进孔子学院与当地中小学紧密合作，定期开展“中国文化节”“国际中文日”等活动，建立中文教学点，推动中文进入学校课程体系。

3. 针对当地文化特点进行宣传，鼓励不同主体讲述中文促进文明交流互鉴故事

中文国际传播能力具有多元主体性，中文国际传播的能力主体包括国家、中文教学平台、中文教师、中文学习者等[①]，可充分考虑英国学校和民众的话语模式和表达习惯，构建中文多元包容的国际形象。鼓励教育机构、中小学校长、中文学习者、教师等多元主体在当地主流媒体、学校官媒及自媒体上以发布新闻、文章、短视频等方式讲述学习中文促进个人成长和多元文化发展，助力中英人文交流的真实故事，增进当地民众对中文多元价值的了解。

4. 顺应英国特有的务实文化特点，以中文的经济价值为切入点引领人才培养方向

以中文的经济价值为切入点，面向英国中小学充分展示中国式现代化的丰富内涵，组织英国中小学生参与“汉语桥”“中文培优”等品牌团组交流项目，实地多角度、全方位感知中国经济活力，凸显中文学习的经济效益，突出中文的工具属性，为政府、教育部门、学校以及家长做决策提供参考依据。

（二）充分激发中文教育多元主体能动性，多角度采取策略促进中文融入

总体而言，英国实施柔性外语教育政策，各级各类教育机构开设外语课程自主性较大。在中文教育的实施阶段，应激发英国教育部、英国文化教育协会、校长、外语教学负责人、孔子学院、教师、学习者及其家庭等不同主

① 王辉. 中文国际传播能力的主要论域、基本特性和体系建构[J]. 河南大学学报（社会科学版），2024，64（02）：107-112+155.

体充分发挥其能动性[①]。不同主体在中文教育实践过程中充分互动，也会在一定程度上反作用于中文教育政策的制定。

1. 重视中文教育机制重点部门和负责人的战略性支撑作用

中国政府有关部门可与英国相关部门进一步合作开展中文教育，将中文教育纳入政府间人文交流机制。尊重当地政策制定部门推动中文教育的积极性，在推进中文融入时符合本土政策方向，以本土方向为基础导向，把国际中文教育普遍做法与本土实际相结合，与重点部门负责人积极对话，发挥其领导作用，把中文国际传播需求与当地需求结合起来并取得一致，在共商共建共享中推动中文融入。

2. 加强与英国中小学校长及外语教育负责人的沟通协作

继续实施“汉语桥”校长访华团等品牌项目，邀请英国中小学校长成团来华访问，搭建平台助力其了解中国高等教育发展，为英国中学生毕业后来华留学提供可选择方案。对有大规模中文学习需求的重点学校及教育集团给予一定的奖学金支持或资源倾斜，探讨开设中文课程和中英校际教育交流合作项目的可能性，支持学生短期来华研修。

3. 发挥孔子学院中外方院长、公派教师、志愿者教师及本土教师的关键作用

在“中文培优”项目中，当地学校教师中有 70% 认为自己是“积极的提倡者”，30% 认为自己是“支持者”，参与教师充分发挥了自身的能动性，助力项目取得成功。可采取定期开展培训、教学大赛、教学研讨会、本土教师来华研修等举措，关注海外教师职业发展和心理健康，建立激励机制和支持系统，激发英国中文教师队伍的整体活力。

（三）着力打造本地合作伙伴关系，建设中英中文教育合作共赢模式

1. 将共商共建共享的全球治理观应用于中英中文教育合作共赢模式建设

党的二十大报告提出：“中国坚持在和平共处五项原则基础上同各国发展友好合作，推动构建新型国际关系，深化拓展平等、开放、合作的全球伙伴关系，致力于扩大同各方利益的汇合点。”应对英国外语教育政策、文化

---

① 张天伟. 外语教育学框架下的外语教育政策研究：能动性与客观世界视角 [J]. 外语教学，2023，44（03）：65-71.

习俗、中小学外语教育现状、中文教育发展情况、语言传播机构运作方式等信息进行充分调研，秉持共商共建共享原则，充分激发中英各方主体活力，适当强化英方主导作用，建设一个可复制、可传播、可应用的互利共赢模式。

2. 积极与英方相关部门对话，助力中文教育政策充分落地

契合英国外语教育政策重视伙伴关系建设的特点，与当地政府、语言传播机构、大学、学术组织、出版社及中小学等建立互惠互利伙伴关系，与英国教育技能部、英国文化教育协会、英国汉语教学研究会、英国麦克米伦出版公司、苏格兰国家语言中心等重要部门和机构积极对话，共同开展有针对性的中文教学、文化活动、教学资源建设和师资培训，助力当地中文教育政策落地，推动中文更深更广融入国民教育体系。

3. 开展中小学中文教学理论与实践的中英交流融合协作

有效的教学方法是推动英格兰中文学习发展的重要因素，如果教师应用的教学方法有效，中文不同于欧洲语言的特点反而会成为其优势[①]。中英教师应重视优势互补，推动中文教学理论与英国本土实践相辅相成，针对英国四个地区中小学生的不同特点，凝练和塑造中文教学本土化模式，如结合英国中小学课堂以学习者为中心，注重主题式教学的特点，将中国自主创建的国际中文教育“表达驱动”教学理论应用于课堂教学实践。“表达驱动”教学理论强调语言学习的直接性原则，聚焦驱动学习者的表达意愿，通过互动体验和戏剧教学等形式提高教学效率[②]，与英国外语教学重交际互动的特点相契合[③]。

4. 多渠道联合开展中文师资培训，促进中文教育可持续发展

一是多方合作建立公派教师及志愿者教师培训制度，构建岗前、专项、岗中培训体系，培训专家包括国际中文教育专家学者、孔子学院院长、当地中小学外语教育负责人、本土中文教师、其他语种的外语教师等，培训内容

① Lam, Sophia, “Mapping development and challenges of teaching Mandarin Chinese in England Mandarin as a foreign language”, International Journal of Chinese Language Education, 07(2020).

② 钟英华，于泓珊，杨薇．国际中文教育“表达驱动”教学理论与实践［J］．世界汉语教学，2023，37（03）：388-398.

③ 于泓珊，车文兵：《走遍中国：来自英国中文教师的评价》，教育部中外语言交流合作中心组编《国际中文教育教学资源发展报告 2023》，北京：北京语言大学出版社，2023：91-104.

包括外语教育政策、教学方法、课堂管理、心理健康等方面，助力外派教师更好适应当地环境。二是建立“海外导师制”，为公派教师及志愿者教师匹配熟悉海外教学环境的当地师傅，为外派教师快速成长保驾护航，助力中外教师互学互助。三是针对本土中文教师开展专题讲座或工作坊，主题包括《国际中文教育中文水平等级标准》的解读与应用、语合中心重点项目等内容，拓展本土中文教师的视野。四是组织中小学其他传统语种的外语教师进行主题式中文教学培训，为中文融入中小学储备师资。

五、小结

英国中文教育历史积淀深厚，早期以传教士和外交官为代表的汉学家进行的中文教学、教材编写和经典翻译工作，为中文教育发展建立了牢固的根基。随着 21 世纪中英两国各领域交流与合作的进一步深化，中文得以外语的身份进入了国民教育体系。可以看出，英国外语教育政策重视多元文化融合发展，为中文教育融入国民教育体系开辟了实施空间。加强中文融入英国国民基础教育体系，应对四个地区的外语教育政策进行深度调研，重视中文教育政策制定与实施重点部门和各级参与者的支持作用，积极响应当地政策，通过对话协商了解需求，采取措施助力中文教育政策落地，促进英国中文教育的本土化和高质量、高水平、高标准发展。

第二节 《外语价值与英国经济》报告解读与启示

在经济全球化的背景下，多语言交流能力变得越来越重要。英语作为一种通用的全球性语言，曾使英国作为英语母语国具有天然的语言优势，因此对外语教育并没有那么重视。但随着中国在国际政治和全球经济等方面的影响力日益增强，英国对包括中文在内的外语教育日益重视起来。2022 年 2 月，英国剑桥大学和兰德欧洲智库联合发布了研究报告《外语价值与英国经济》（The Economic value to the UK of speaking other languages）。该研究引用“中文培优”项目为典型外语教育案例，用蒙特卡洛统计模拟法分析了在英国基础教育阶段推进四种外语教育（阿拉伯语、中文、法语、西班牙语）的成本及其产生的潜在经济效益。报告从语言经济学角度出发，详述英国外语教育落后对经济发展造成的负面影响，提出英国政府如加大对外语教育的投资，可促进双边贸易额增长。本节重点解读中文教育对英国产生的潜在经济效益并在此基础上提出对国际中文教育发展的启示。

一、中英关系及英国中文教育概况

（一）中英外交及经贸关系

2022 年是中英建立大使级外交关系 50 周年，两国在政治、经济、文化、教育等领域开展了密切交流合作，取得了丰硕成果。尽管全球经济低迷，中英经贸合作仍呈现互惠互利的特征并取得了新的进展，2021 年中英贸易额突破 1000 亿美元，2022 年上半年，中英货物贸易额超过 500 亿美元；截至 2022 年 8 月，中英双向直接投资存量达 504 亿美元。2022 年 9 月在英中国留学生超过 20 万人；疫情前双方人员往来每年多达 200 万人次。2025 年 2 月，英国首相斯塔默在伦敦会见到访的中共中央政治局委员、外交部长王毅。王毅表示，在中英两国领导人战略引领下，中英财金对话取得丰硕成果，各层级交往相继恢复，彰显了两国务实合作巨大潜力，也充分印证工党政府奉行理性务实对华政策符合国家和人民利益，顺应时代发展潮流。中方愿同英方落实好两国领导人重要共识，巩固双边关系企稳向好态势，深化拓展基础设施、经贸投资、清洁能源等各领域合作，更好造福两国人民。王毅表示，当今世界更加动荡，百年变局加速演进。中英同为联合国安理会常任理事国，双方要加强战略沟通、增进理解互信，展现大国担当，在应对气变、人工智能、绿色发展等攸关人类未来的领域加强合作，为世界提供更多确定性和稳定性。斯塔默表示当前英中各领域合作取得积极进展，期待两国开展坦诚、建设性对话，推动英中关系持续稳定发展。

（二）英国中文教育概况

英国中文教育有着悠久的历史，是最早将中文纳入其国民教育体系的西欧国家之一。在高等教育阶段，2017 年，全英约有 85% 的大学开设中文课程。2020 年，约有 25% 的英国大学提供中国研究相关专业的学位教育。在基础教育阶段，2021 年英国参加普通中等教育证书考试（General Certificate of Secondary Education，简称 GCSE）中文考试的学生为 3648 人，比 2020 年的 2891 人增长了 26%，比 2011 年的 2104 人增长了 73%。2016 年英国教育部发起了为期五年的“中文培优”项目（Mandarin Excellence Programme，简称

MEP）。预计到2025年，将有累计100多所学校的13000多名学生在此项目下进行中文学习。孔子学院在英国发展迅速，对英国中文教育发展起到了积极的推动作用。截至2021年6月，全英共建有30所孔子学院，164个孔子课堂，学习汉语的注册学生达到13万，居欧洲各国之首。

进入21世纪以来，包括华文教育和中文作为外语教育在内的中文教育开始在英国迅速发展，这也是英国语言政策调整、中国经济政治影响、中文国际教育推动和中英经贸合作教育交流加强之结果。中英外交和经贸关系及英国务实文化传统是英国中文教育发展的重要基础。在英国中文教育政策不定的背景下，对《外语价值与英国经济》报告进行深入解读并评述中文的经济价值具有重要意义。

二、语言的经济价值及英国外语教育现状

（一）语言的经济价值

语言是了解一个国家最好的钥匙，也是文明交流互鉴所依托的最主要的工具。语言具备经济属性，是重要的经济资源。在当今经济全球化的背景下，鉴于人口流动性和信息互联性日益增强，能够使用外语与新的客户和商业合作伙伴进行交流对于建立一个长期稳定、互信互利且可持续发展的经贸合作关系来说至关重要。

报告总结了语言在国际贸易、人力资本和文化资本三方面起到的重要作用。首先，语言在国际贸易中起到关键推动作用。具备双语/多语能力是国际贸易的重要决定因素，可以使用同一种语言进行交流不仅能够促进两国之间的双边贸易发展，还能够降低贸易成本，从而降低两国间的贸易壁垒。其次，语言可以增加人力资本价值。语言具备经济属性，能够对个体产生经济价值，语言能力是人力资本的重要构成要素。人的语言能力同其就业状况和收入水平成正比，具有双语/多语能力的人能够获得更高的经济收入并在人才市场更具竞争力。最后，语言是文化资本的决定性因素。语言能够影响个体的思维方式和行为，具备双语/多语能力的人能够在跨文化环境下更有效准确地和来自不同国家和文化的合作伙伴进行交流，有利于企业的跨国发展。

（二）英国外语教育遭遇危机

报告表明，过去二十年间英国外语教育持续衰退，普通中等教育证书（GCSE）和高等教育证书（A-Level）考试的报名人数不断下降，外语教育

规模急剧缩小，严重落后于欧洲其他国家。在学习时长方面，世界经合组织（OCED）国际学生评估项目（PISA2018）结果表明英国学生花在语言学习上的时间远远低于平均水平。在学习质量方面，2015 年英国教育标准局（Ofsted）的报告《第三关键阶段：被浪费的几年？》发现英国基础教育阶段现代外语教育存在重大不足，外语教育未能挑战、吸引和激励学生。在学习效果方面，高等教育政策研究院（Education Policy Institute）的调查表明，在欧盟 16 至 30 岁的人群中，平均有 89% 的人认为自己能够自信地阅读和书写一种以上的语言，德国有 90%，法国有 79%，而英国只有 32%。

（三）英国外语教育落后带来重大负面影响

外语教育的落后对英国经济带来严重的负面影响。从宏观层面来说，Foreman-Peck 等（2014）研究发现，英国在经济、社会和文化方面的重大损失与公民缺乏语言能力有关。英国因公民不具备用外语与合作伙伴有效交流而造成的贸易和投资损失估值为每年英国国内生产总值（GDP）的 3.5%。如果不采取措施，英国在教育、社会凝聚力、社会福祉，国际关系、外交和国防安全方面的损失还会继续扩大。

从微观层面来说，外语教育的落后对英国毕业生就业造成了不良影响。Morris 等（2014）研究表明，在英国超过一半的雇主对大学毕业生的外语能力不满意。目前英国劳动力市场中实际具备外语能力的人才数量与英国参与全球经济贸易活动所需要的外语人才数量还存在着较大差距，因此许多公司会高薪聘请其他国家具备外语能力的人才，从而对本国劳动力市场造成下行压力。

三、报告研究方法及选择英国“中文培优”项目作为典型案例的原因

（一）报告研究方法

该报告运用统计模拟法来探讨能使用外语进行交际对英国国际贸易产生的经济效益。在前人研究的基础上，建立“贸易引力模型”，将使用外语交际作为变量加入模型，在控制了可能影响实验对象的其他因素后，评估外语交际和双边贸易之间的相关性。

研究选取了四种外语进行模拟计算，包括阿拉伯语、中文、法语和西班牙语，这些语言被认为是未来最重要的商业语言之一。英国文化教育协

会（British Council）2017年发布的《面向未来的语言》（Languages for the Future）报告将这四种语言列为对英国未来的繁荣、安全和世界影响力最为重要的语言，英国工业联合会（CBI）的报告《面向现代世界的教育》也将他们列为商业所需的最重要的语言。

研究将使用这四种语言的国家和地区进行分类，在分析英国与使用这种语言的国家和地区已有的进出口贸易数据基础上，预测在使用外语交际使贸易成本降低后英国将会获得多少更大的收益。特别需要指出的是，研究以2016年开展的“中文培优”项目作为参照，计算在基础教育阶段第三和第四关键期（KS3-KS4，11-16岁）推进类似于“中文培优项目”的外语教育对英国四个特定产业在两个方面产生的经济效益。四个特定产业为农业、采矿和能源、制造业和服务行业，两个方面为国内生产总值和消费者福利。

（二）选择“中文培优”项目作为典型案例的原因

报告客观评价了英国“中文培优”项目取得的显著成效，在英国外语教育整体衰退的背景下，“中文培优”项目作为英国政府出资的外语教育项目取得了成功，且政府出资金额可查证，因此该项目成为此次研究的典型案例，模拟在英国第三和第四关键阶段全面开展阿拉伯语、中文、法语和西班牙语类似“中文培优”项目的外语教育项目对英国双边贸易产生的经济效益。选择“中文培优”项目作为典型案例的原因如下：

第一、“中文培优”项目是英国政府出资支持下的中英合作外语教育项目。“中文培优”项目是2016年由英国教育部发起并投入1000万英镑在英格兰地区开展的中文教育项目，由伦敦大学学院教育学院孔子学院（简称IOE孔子学院）和英国文化教育协会（British Council，简称BC）共同实施。计划到2020年，在七年级选拔5000名学生教授四年中文，使参与学生中文达到根据欧洲共同语言参考框架（CEFR）B1水平。该项目有明确的资金投入数量，因此参照该项目可以更准确地评估在全英开展类似政府支持下的中外合作外语教育项目的经济效益。

第二、“中文培优”项目取得了显著成效。“中文培优项目评估报告”（Mandarin Excellence Programme Evaluation Report 2019/2020）说明，截至2020年4月，英格兰地区有76所中学7000多名学生在此项目下开始了中文学习。截至2021年9月，参与MEP项目的学生人数达到8000人，目前由于效果明显，该项目已经确定将延长至2024年。“中文培优”项目参与学校数量多、层次高、辐射范围广。评估报告中的案例研究表明该项目有效拓宽了学生视野、激发了学习动机、提高了学习能力，项目课程设计有趣、课堂教学效率高，颠覆了学生对于“外语很难”的刻板印象。除了资金支持，该项目还对教师提供定期培训和教学支持，例如伦敦大学孔子学院建立了英格兰最大的中小学在线数字中文教学资源库，包含形态丰富的数字教学资源。

第三、“中文培优”项目没有对其他重要科目的学习造成影响。参与项目的学生每周学习 8 个小时的普通话，包括至少 4 小时的中国语言和文化的课程及 4 小时的辅导下的自学。学校把面对面辅导时间安排在午餐时间或课后服务时间。因此，该课程没有对其他英国普通中等教育证书考试重要科目（EBacc）的学习产生负面影响。

四、报告研究结果

（一）在英国推进中文教育对国内生产总值 GDP 的影响

经过建模计算后得出结论，在第三和第四关键阶段（KS3/KS4）持续学习中文并能在日后工作的商业环境中熟练应用中文的英国学生人数每增加 10%，到 2050 年，仅通过减少与语言相关的非关税贸易壁垒，就能使英国 GDP 累计增加 7.07 亿英镑到 7.33 亿英镑。如果在模型中加入与学习中文相关的潜在人力资本效应，估计到 2050 年，英国的 GDP 累计增长在 115.18 亿英镑至 123.54 亿英镑之间，这相当于英国 2019 年 GDP 的 0.5% 左右。参与到计划中的学生越多，累积的效益自然会越高。如果参加中文教育项目的人数增加 25%，则可以使英国的 GDP 在 30 年内累计增加 288 亿至 308 亿英镑，相当于 2019 年英国 GDP 的 1.2% 左右。

（二）在英国推进中文教育对消费者福利的影响

经过建模计算后得出结论，在第三和第四关键阶段（KS3/KS4）持续学习中文并能在日后工作的商业环境中熟练应用中文的英国学生人数每增加 10%，到 2050 年，仅通过减少非关税壁垒，英国的消费者福利就会累积增加 18.17 亿英镑到 18.86 亿英镑之间。如果在模型中加入与学习中文相关的潜在人力资本效应，估计到 2050 年，英国的福利累计增长在 123.90 亿英镑至 132.50 亿英镑之间。如果参加中文教育项目的人数增加 25%，则可以使英国的消费者福利在 30 年内累计增加 309 亿至 330 亿英镑。

成本效益分析的主要结论是即使在保守的假设下，投资语言教育的回报也很可能超过投资成本。据估计，推广阿拉伯语、中文、法语或西班牙语教育的效益成本比至少为2：1，这意味着花费1英镑可以得到大约2英镑的回报。

（三）报告结论与建议

该研究仅计算了在英国推进外语教育对双边贸易和人力资本的影响，还有许多其他的潜在影响因素目前没有足够的数据支撑量化计算，例如国家安全、软实力、外交、国际发展等，如果这些因素都能加入建模考虑，无疑可以增加英国的经济利益。该研究建议建立多语言人才培养机制，在国家层面设立多语言培养法律法规，以进一步激发英国的经济发展潜力。教育部门也要重视多语言人才的培养，努力为学生创造多语言学习环境，增加学生的见识，不断提升学生的技能，激发英国的经济潜力和国际竞争力。

五、报告对国际中文教育发展的启示

（一）重视中文的经济属性，以市场需求为导向，积极服务国际中文教育市场化发展

凸显中文作为促进中外双边贸易发展重要因素的经济属性，重视中文的人力资本价值和文化资本价值，推动中文的当地化和市场化。就英国来说，持续关注英国的经济发展趋势和中英贸易合作领域，开设相关“中文＋职业”课程，特别是报告中提到的四个中英贸易合作的重点行业，农业、采矿和能源、制造业和服务行业。积极与英国政府、教育部、高等院校、当地企业、民间组织开展合作，有针对性地根据当地对于中文人才的需求开展中文教育项目并积极推动项目实施。鼓励孔子学院为当地企业及在英国的中资企业提供中文及跨文化交际类课程和服务，满足企业对员工进行语言投资的需求，培养能够熟练使用中文进行国际贸易工作、具备跨文化交际能力、能够促进中英合作发展的人才，从而提高英国本土人才的人力资本价值。为企业和高等院校搭建平台，为中文人才就业拓展机会。

与英国中国商会、英中贸易协会、英国工业联合会等民间组织合作举办论坛或者研讨会，凸显中文在经贸中发挥的推动作用，扩大中文经济属性的影响力。

（二）坚持标准先行原则，加强数字化建设，积极推进“中文＋职业”国际中文教育产品的供给能力

作为中文母语国，在推动海外“中文＋职业”教育发展的过程中，应始

终强调标准先行的原则，构建“中文 + 职业”教育标准体系，推进相关课程标准、教学标准和考试标准的建立，同时应充分考虑中外之间的职业认证体系，与海外高校中文教育专家合作开发“中文 + 职业”的国际中文教育产品，例如在中英合作开发“商务中文”的课程体系和配套教学资源开发时要充分考虑英国商务的特点和职业认证情况，从而提高“中文 + 职业”国际中文教育产品的供给能力。

坚持做好“中文 + 职业”国际中文教育产品的数字化建设工作。以《国际中文教育数字资源建设指南》为纲，参考英国本土教学资源数字化相关报告，积极与英国教育机构、院校、企业等合作，构建以培养贸易人才为目的的“中文 + 职业”国际中文教育数字平台体系，推出一系列优质在线课程和学习工具。

（三）加强中英合作，为“中文培优”项目进一步扩大规模做好服务

加强与外方的沟通与合作，积极追踪“中文培优”项目的进展和运行情况，对第三方机构发布的《中文培优项目评估报告》进行详细解读，重点关注其中提到的问题和建议，对参与项目的学校做好信息收集工作，充分调动外方的积极性，共同设计创新课程并继续做好教学资源建设工作。发挥“中文培优项目”的品牌效应，通过中外媒体积极进行宣传，将项目扩展到更多合适的地区与国家。

在“中文培优”项目取得成功的同时，也要关注英国其他外语语种的竞争。例如，据英国文化教育协会（British Council）最新发布的《2022 年英格兰语言趋势报告》中显示，自 2022 年 9 月起，一个类似“中文培优项目”的投资约 400 万英镑的拉丁语项目将会开始实施，以促进中小学生古代外语的学习。该报告同样显示，调研的英格兰地区 735 所小学中，开设中文教育的小学仅为 1.3%（2021 年同比数据为 3%），小学开设最多的外语为法语、西班牙语和德语。

（四）健全宣传矩阵，多渠道多形式正面宣传当代中国形象

加强与国内外宣旗舰媒体合作，以多种形式充分展示中国式现代化的丰富内涵，凸显中文学习的经济效益，为政府、教育部门以及学校做决策提供参考依据。加强与孔子学院外方承办院校合作，鼓励能流利使用中文开展贸易工作的典型英国学生发声，讲述学习中文的真实故事和中文对自己人生及事业发展带来的积极影响。

国际中文教育应服务中国国家战略，在促进中英经济发展方面发挥积极

作用，同时也应积极服务当地需求，为培养能在双边贸易中熟练使用中文进行交流的人才贡献力量。应充分发挥中文的经济价值，进一步深入研究英国对华进出口贸易与中文人才需求的相关性，推动中文教育服务中英经贸合作和共同发展。

第三节　英国中文教育个案研究——苏格兰中文教育模式

中英两国于1972年建立大使级外交关系，自2012年起建立高级别人文交流机制，半个世纪以来在经贸、科技、教育、文化等领域展开了深入合作。随着中文的价值不断提升，英国中文教育迅速发展，研究成果不断涌现，国内外学者对英国中文教育发展的政策背景、历史与现状、教学资源等方面进行了考察，但聚焦苏格兰地区中文教育模式的研究较少。本节着重剖析苏格兰外语教育政策框架下的中文教育板块，系统梳理了当前中文教育在苏格兰的发展现状、需求变迁以及所面临的多重挑战，深入探讨了苏格兰中小学领域内孔子学院所采取的积极举措，这些举措有效促进了中文教育在苏格兰全境基础教育体系中的融入与普及。本节还审视了在新时代背景下，苏格兰中文教育模式在哪些方面能够为世界各国的中文教育实践提供借鉴与参考，旨在揭示其创新点与可复制性，为全球中文教育的持续发展贡献洞见与启示。

一、苏格兰中文教育发展现状

苏格兰国家语言中心配置资源推进中文大范围融入全境中小学。在苏格兰中小学，中文更多是作为第二外语开设。2022年4月，苏格兰政府发布了《1+2外语教育战略—基于2021年地方机构的调查》报告，报告表明2020–2021学年，苏格兰有6所小学和3所中学将中文作为第一外语开设，有150所小学和34所学校将中文作为第二外语开设[①]。在接受调查的1722所小学中，69%的小学在1–7年级持续开设第一门外语课程，29%的小学在1–7年级非持续

① Scottish Government: 1+2 Languages Policy: Findings From the 2021 Survey of Local Authorities[EB/OL](2022-04-28)[2023-12-01]. https://www.gov.scot/publications/12-languages-policy-findings-2021-survey-local-authorities/.

性地开设外语课程，只有 2% 的小学没有开设外语课程，第一外语课程在这个阶段被作为学生的第二语言进行教学。小学阶段开设最多的第一外语是法语，随后是西班牙语、盖尔语、德语、意大利语，只有 6 所小学开设中文课程。64% 的小学在 5–7 年级开设第二外语课程，开设最多的外语课程是西班牙语，其次是法语、德语、中文普通话、盖尔语、意大利语、乌尔都语和其他语言，其中开设中文的学校有 150 所。在 315 所中学中，70% 的中学在 1–3 年级持续开设第一门外语课程，30% 的中学非持续性地开设外语课程。中学阶段开设最多的第一外语是法语、西班牙语和德语，只有 3 所学校开设中文课程。87.5% 的中学在 1–3 年级开设第二外语课程，开设最多的外语课程是西班牙语、德语和法语，34 所学校开设中文课程。近年来，苏格兰参加中学中文考试的人数实现了大幅度增长，参加国家 5 级中文考试的学生人数 2016 年起实现了 160% 的增长。

这与苏格兰外语教育战略及国家语言中心与苏格兰中小学孔子学院合力推动的作用密不可分。苏格兰是英国唯一由政府建立的国家语言中心直接组织并实施中文教育的地区。国家语言中心、思克莱德大学和天津市教育委员会共建的苏格兰中小学孔子学院是全英首个政府间主导的孔子学院，2012 年 6 月正式启动运行，建有 46 所孔子课堂，包括 22 所中学课堂、20 所小学课堂及 4 所特色孔子课堂中心[①]。

二、苏格兰外语教育政策

苏格兰的语言教育政策和体制机制旨在促进语言的多样性和包容性，以支持社会各个群体的语言学习和交流。通过政府和社会的共同努力，苏格兰正在努力保护和发展其丰富的语言遗产。苏格兰的教育体系相对于英格兰更加注重地方自治。教育政策的制定和执行在一定程度上由地方政府（称为“教育局”）和学校理事会负责，这有助于更好地适应当地社区的需求和特点。

（一）政策框架

苏格兰的语言教育政策主要建立在《苏格兰教育法》[②]和《苏格兰语言学

① 苏格兰中小学孔子学院建立的 4 所特色孔子课堂中心合作对象分别为苏格兰足球协会、苏格兰皇家动物协会、苏格兰皇家音乐学院及苏格兰歌剧院。

② Education(Scotland) Act 2016EB/OL](2016-03-08-01) [2023-12-01].https://www.legislation.gov.uk/asp/2016/8/contents/enacted.

习：1+2 路径》① 等法律和政策文件之上。这些文件为语言教育的推广和实施提供了坚实的法律保障和明确的政策指导。政策的核心目标在于推动语言的多样性和包容性，确保所有学生无论其背景如何，都能获得高质量的语言学习机会，并鼓励对苏格兰丰富语言遗产的传承与发展。

（二）政策外部环境

1. 多语言社会背景

苏格兰是一个多语言社会，英语是主要语言，但苏格兰盖尔语、苏格兰英语以及其他移民语言也在广泛使用。因此，政府的语言政策需要考虑到这种多元性，具备高度的灵活性和包容性，以确保所有人都能够获得语言教育和支持。

2. 资源投入与体制机制保障

苏格兰政府通过直接资助学校、提供教学资源和培训教师等方式，加大对语言教育的支持力度。这些资源的投入有助于提升语言教学的质量和覆盖范围，确保学生获得高质量的语言学习体验。为了确保语言政策的顺利实施，苏格兰建立了完善的体制机制保障体系，除了学校教育，也鼓励社区组织和机构提供语言学习的机会，包括语言课程、文化活动和语言交流项目等，旨在促进语言的传承和交流。政府、学校、社区以及社会各界共同参与语言教育的推广和实施工作，形成了良好的合作机制和协同效应。

3. 学校教育实践

在学校教育领域，苏格兰的语言政策支持学生学习英语之外的语言，包括苏格兰盖尔语、法语、德语、西班牙语等。学校可以提供这些语言的课程，以满足学生的需求和兴趣。

（三）政策影响因素

1. 社会多元性

苏格兰社会的多元性是其语言教育政策制定的重要背景之一。苏格兰政府需要充分考虑不同语言群体的需求和利益，确保语言政策的包容性和公平性。

---

① Language Learning in Scotland: A 1+2 ApproachEB/OL](2012-05-17)[2023-12-01].https://www.gov.scot/publications/language-learning-scotland-12-approach/pages/3/.

2. 教育资源分配

教育资源的分配情况直接影响语言教育的质量和效果。苏格兰政府通过合理的资源配置和投入，努力缩小不同地区、不同学校之间的教育差距，为所有学生提供平等的学习机会。

3. 文化认同

语言不仅是交流的工具，更是文化身份的象征。苏格兰政府通过推广和保护苏格兰盖尔语等本土语言，增强了民众的文化认同感和归属感，促进了社会团结和稳定。

4. 政府、学术界与社会团体的作用

政府、学术界和社会团体在苏格兰语言教育政策的制定和实施过程中发挥了重要作用。他们通过提供政策建议、研究支持和社会参与等方式，共同推动语言教育的发展和进步。

（四）政策内容

苏格兰政府提出“1+2”语言教育政策（1+2 Language Policy），第一语言 L1 为母语（英语或者盖尔语），在小学 1 年级至中学 3 年级（5—14 岁）开设第一外语，包括法语、西班牙语、盖尔语、德语、意大利语、乌尔都语、中文普通话及粤语，小学 5 年级开设第二外语，第二外语可以是学校能够开设的任何一门外语科目，还包括苏格兰语及英国手语。

三、苏格兰中文教育需求变化

在苏格兰，中文教育的需求正经历着一系列显著的变化。这一趋势不仅反映了全球化背景下中文作为国际交流语言的重要性日益提升，也体现了苏格兰民众对多元文化教育价值的深刻认识。随着中国与苏格兰在经济、文化等领域的交流与合作不断深化，越来越多的苏格兰人开始意识到学习中文的重要性。他们希望通过掌握这门语言，更好地了解中国的文化、历史和社会，从而拓展自己的国际视野和跨文化交流能力。这种需求的变化，直接推动了苏格兰中文教育的发展。

（一）在教育政策层面与中国合作的需求更加旺盛

苏格兰的教育体系由苏格兰政府负责管理和监督。自 1999 年苏格兰议会恢复成立以来，苏格兰拥有自己的教育法律和政策框架，与英格兰和威尔士有所不同。苏格兰中文教育由国家语言中心负责，国家语言中心将中文纳入国家“1+2”语言教育政策中。在政策层面，苏格兰政府与中国合作的需求更加旺盛。2024 年 4 月，英国思克莱德大学和苏格兰国家语言中心代表团来华访问教育部中国语言交流合作中心，双方就未来在苏格兰合作开展本土中文教师培养培训、教师资格认证和中文水平考试等进行了深入探讨，大成了多项合作共识①。

（二）在课程、评估、教学方法层面进行跨学科创新需求更高

在课程和评估方面，苏格兰实行统一的国家课程框架，称为“苏格兰卓越课程”。这一框架包括了核心学习领域、通用技能和核心能力等。学校有一定的灵活性，可以根据学生的需求和特点进行适当的课程安排。此外，苏格兰也采用不同于英格兰的评估制度，例如使用“国家 5 级”和“高等教育证书”等考试。近年来，参加中文考试的学生实现了大幅度增长。在中小学中文课程建设方面，学校对于中文课程是否能够适配学校及国家课程体系的需求增加。

新时代，苏格兰中文教育呈现出提倡跨学科学习的特点，倡导跨学科学习，鼓励学生在不同学科之间建立联系，培养综合性的能力和思维方式。这有助于学生更好地理解知识和应用所学内容。这也对中文教学提出了新的要求，特别是在教学方法和手段的创新方面。为了适应学生的学习需求和兴趣，中文教师应不断探索新的教学方法和手段，如利用多媒体教学、互动式教学等，以激发学生的学习兴趣和积极性。这些创新不仅提高了中文教育的质量，也进一步推动了苏格兰中文教育的普及和发展。苏格兰的国民教育体系注重学生全面发展和个性化教育，强调灵活性和跨学科学习，同时也尊重地方特色和文化传统。这些特点使得苏格兰的教育体系在国际上备受关注，并在一定程度上影响了其他国家的教育改革和发展。

（三）苏格兰全境中小学对于中文教师和教师培训的需求增加

在苏格兰国家语言中心的推动下，中文进入了苏格兰全境中小学，这致使苏格兰对中文教师的数量及教师培训提出了更高的要求。2024 年 9 月，天津师范大学在教育部中外语言交流合作中心的指导下选派了 50 名志愿者教师赴苏格兰中小学孔子学院任教，满足当地对中文教师的需求。

---

① 语合中心．英国思克莱德大学和苏格兰国家语言中心代表团访问语合中心EB/OL](2024-04-22)[2024-12-01].https://mp.weixin.qq.com/s/ZAMmKCx25oLd9fp0l_CLgw.

（四）苏格兰中小学中文教育面临的挑战

在苏格兰政府大力支持及孔子学院积极推动下，苏格兰中文融入国民教育体系效果显著，然而在融入的过程中仍然面临着以下挑战：（1）对中方资源依赖过多，可持续发展能力不足；（2）部分地区对中文多元价值认识不足，其他外语语种竞争激烈；（3）本土中文教师规模有限，公派教师和志愿者教师教学及课堂管理方法本土化程度不够；（4）不同学校支持程度不同，融入深度不够。

四、苏格兰中文教育模式及应用推广

苏格兰中文教育模式是在其教育体系中逐步发展和完善的，具有独特性和典型性，本文将从苏格兰中文教育模式及特点、苏格兰中文教学评价模式、苏格兰中小学孔子学院的有效做法几个方面展开说明。

（一）苏格兰中文教育管理模式及特点

苏格兰中文教育的管理机制和特点取决于学校的类型、地区的需求以及教育政策的指导。具体包括以下内容：

1. 管理机制模式

苏格兰中文教育由学校主要负责管理，地方教育局给予支持，中文教师组织和协会提供培训和发展机会。（1）学校的语言部门或国际部门负责管理中文教学，负责制定教学计划、招聘教师、组织教学活动以及与学生家长沟通；（2）地方教育局提供资源、培训以及监督指导，确保学校中文教学的质量和合法性；（3）在一些地区有中文教师组织或协会，提供专业发展机会、资源分享以及教学指导，促进中文教学的发展和交流。

2. 管理机制特点

苏格兰中文教育管理具备灵活性、多元化和资源共享的特点。（1）苏格兰的中文教育管理机制相对灵活，能够根据学校和地区的实际情况进行调整和适应。这使得中文教学可以更好地满足学生和家长的需求；（2）苏格兰的中文教学管理机制考虑到学生的多样性和需求，可能提供不同级别和形式的中文课程，如普通话、粤语或其他方言；（3）学校和教师可能会通过资源共享和合作，提高中文教学的效果。这包括教学材料、课程设计以及教学经验的分享。

3. 管理人员构成

苏格兰中文教育管理人员主要由中文教师、学校管理人员、家长和社区支持者构成。（1）中文教学的核心是教师，他们可能是母语为中文的外籍教师，也可能是本地教师或志愿者，具有中文教学经验和专业知识；（2）学校的语言部门人负责制定中文教学计划、安排课程和教师，以及管理学生的学习进展和评估；（3）家长和社区支持者可能会参与到中文教学的管理中，提供支持、反馈和资源，促进中文教育的发展和推广。

苏格兰的中文教学管理机制具有一定的灵活性和多样性，能够适应不同学校和地区的需求。教师、学校管理人员以及家长和社区的支持是中文教学管理的重要组成部分。

（二）苏格兰中文教学的评价模式

在苏格兰的中文教学中，评价模式通常包括教学评价、教师评价和课程评价。这些评价的目的是确保中文教学的质量，促进学生的学习和发展。

1. 教学评价

教学评价主要包括学生表现评价、课堂评估、反馈和改进三个方面。（1）学生表现评价：学生的中文学习表现通常会定期进行评估，包括口头和书面的语言能力、听说读写的能力等。这些评价可能通过课堂作业、考试、口语表现、项目作品等方式进行；（2）课堂评估：教师会定期评估课堂教学效果，包括课程内容的传授、学生的参与度、教学方法的有效性等。他们可能会采用观察、记录、学生反馈等方法来评价教学质量；（3）反馈和改进：根据学生和教师的评价结果，教师可能会提供反馈和建议，帮助学生改进学习方法和提高学习效果。同时，教师也会根据评价结果对教学内容和方法进行调整和改进。

2. 教师评价

教师评价包括教学能力评估和专业发展两方面。（1）教学能力评估：教师的教学能力通常会定期进行评估，包括教学技巧、教学方法、课堂管理能力等方面。这可能通过同行评议、教学观摩、学生评价等方式进行；（2）专业发展：教师可能会接受定期的专业发展培训，以提高教学水平和专业素养。他们也可能会参加中文教师组织或协会提供的培训和研讨活动，分享经验和交流教学方法。

3. 课程评价

课程评价包括课程设计评估和课程效果评估两方面。（1）课程设计评估：中文课程的设计和实施会定期进行评估，包括课程内容的完整性、连贯性、适应性等方面。这可能通过教学团队内部的评估、学生和家长的反馈等方式进行；（2）课程效果评估：中文课程的效果会定期进行评估，包括学生的学习成果、满意度、课程目标的达成程度等。这可能通过考试成绩、学生调查、毕业生追踪等方式进行。

苏格兰中文教学的评价模式注重全面性和多样性，旨在确保教学质量和持续改进。学生的学习表现、教师的教学能力以及课程的设计和效果都会受到定期评估和反馈，以促进教育的发展和提高学生的学习成果。

（三）苏格兰中小学孔子学院的有效做法

苏格兰中小学孔院在推进中文进入苏格兰国民教育体系过程中起到了积极的促进作用，取得了一系列显著成效，不仅使中文作为外语纳入“1+2”语言教育体系，使中文教育在苏格兰中小学得到广泛普及，也推进中文考试学历纳入苏格兰中小学教育，让学校成绩得到苏格兰政府认可。苏格兰中小学孔子学院的有效做法包括以下内容：

1. 明确工作方向，为公派教师和志愿者教师提供教师培训与职业发展路径

苏格兰中小学孔子学院设立了明确的工作目标，并清楚这些目标如何与学校和当地政府的目标保持一致。孔子学院的主要工作是为了促进学校和社区更好地理解中国，学习中国语言和文化知识。

孔子学院的教师和管理人员有一系列自我评估工具，例如苏格兰教师协会（GTCS）标准，用来评估和反思自己在孔子学院或者学校的教学和管理工作。苏格兰中小学孔子学院为所有的公派教师和志愿者教师长期提供专业教师培训，配备本土导师，无论是教学、管理还是生活，都可以获得导师的支持和专业点评。孔子学院也为公派教师和志愿者教师提供了有效的学术和专业支持，广阔的职业发展空间和机会，为他们搭建了与学校本土教师建立合作关系的平台，让他们有权利去提出建议、作出贡献、改变创新，实现个人价值。

2. 为当地学校和社区的中文学习者提供体系化课程支持

苏格兰中小学孔子学院致力于通过以下几方面支持学校课程，与苏格兰卓越课程保持一致。（1）将民族精神与价值观融入学习中，以及这些精神与

年轻人之间的关系；（2）提供项目、课程以及中国语言文化活动；（3）支持中文跨学科学习；（4）为个人成就创造机会。

第一，苏格兰中小学孔子学院为学校提供一套与学校课程相呼应的清晰的教学体系。在学校课程中加入中文及中国文化教学并积极进行创新。由于中文是各地及学校达成“1+2”语言计划的必要组成部分也是现代语言课程中的一部分，孔子学院为学校提供的中文课程为学校推进国际化发展做出重要贡献。孔子学院也创造机会让家长和当地政府参与到孔子课堂工作中，同时利用网站以及当地媒体发布工作进程并且积极鼓励更多的参与和支持。

第二，课程设计满足学生需要，涵盖所有苏格兰国家课程大纲建议的课程、项目和嵌入活动。苏格兰中小学孔子学院会定期对这些项目进行评估，以确保持续满足学习者的个性需求。充分利用合作关系对课程进行拓展、提高和支持，积极引入当地专家进校授课或开设讲座。

第三，通识教育中的中文课程遵循卓越课程的7条设计原则，让学生们参与到解决问题的活动中来，培养学生的领导力和创新学习方法。为学生提供激励性的学习环境，以学习者的兴趣与需求和学校的具体情况为出发点设计课程。苏格兰中小学孔子学院提供的中文课程体系对年轻人理解中国文化和潜在的中文创造的就业机会都作出了贡献。

第四，为高级阶段的学生提供参与一系列中文国家级水平考试的机会，包括苏格兰中文考试及HSK汉语水平考试等。因此，选择学习汉语并参加国家水平考试的学习者人数大幅度提升。

苏格兰中小学孔子学院提供的课程和项目为年轻人提供了更多未来的学习和就业机会，例如通过苏格兰国家语言中心商业语言冠军计划，帮助当地中文学习者与当地以及全国商业建立联系的机会，加深对全世界工作环境的认识。

3. 以当地学校和社区需求为中心开展文化活动

苏格兰中小学孔子学院积极与苏格兰国家语言中心沟通协作，以对方需求为中心开展合作。例如，2024年的国际中文日，苏格兰中小学孔院以“苏格兰飞人李爱锐奥运夺金100周年”为主题，举办海报征集活动，组织苏格兰境内近百所小学开展庆祝活动。

Eric Henry Liddell，中文名李爱锐，1902年1月16日出生在天津，父母均为苏格兰人。李爱锐是一名出色的运动员，曾在1924年第8届巴黎奥运会上摘取400米跑的金牌。他在天津工作生活了近20年，投身体育教育，修建了天津民园体育场，并在天津一所教会中学教化学和体育，用他的信仰和生命铸就了中苏友谊的桥梁。苏格兰中小学孔子学院组织的海报征集活动得到了苏格兰政府的大力支持，近百所学校的3000余名小学生参加了活动，共收集海报1740幅。孔子学院选出十幅获奖作品、十幅荣誉作品，还为每位参与活动的学生颁发了参与奖证书。后续，获奖作品在位于爱丁堡的李爱锐慈善中心和天津民园体育场中体育博物馆李爱锐专区展览，纪念了这位中苏友好交往的使者。2024年8月，苏格兰中小学孔子学院夏令营学生来到天津参观了体育博物馆，苏格兰中学生布罗迪将自己参与纪念李爱锐巴黎奥运会夺金的沙滩运动会跑步比赛金牌捐献给了天津体育博物馆，作为苏格兰和天津友好交往的纪念。

4. 与当地学校和社区建立了密切的伙伴关系和合作机制

苏格兰中小学孔子学院与当地中小学建立了密切的合作关系，支持青少年的中国语言文化学习。孔子学院会定期和当地中小学中文教育管理人员开会讨论和调节各项工作的进展。通过密切合作，孔子学院清楚地了解当地学习者如何构建中文知识，学习中文技能。孔子学院长期追踪小学生中文学习的进展和情况，带领其不断评估自身中文水平的发展，同时积极为其规划下一步学习的方向，做好中小学之间的衔接过渡。同时孔子学院也积极与学生家长保持联系，确保家长参与到孩子的中文学习进步过程中来。

孔子学院不断积极寻找新的学校合作开展中文教育，包括学区内的孔子课堂以及其所在区域的其他学校并为其与中国天津的中小学建立合作关系。定期与家长和长期合作伙伴进行沟通，共同探讨如何进一步提高合作效益。为合作伙伴提供机会参与活动，如经验分享活动，提供交流想法、资源以及技能的平台。为伙伴学校学习中文和中国文化提供支持，通过合作为学习者提供更多在当地学校和社区展示中文学习成果的机会。

例如，苏格兰中小学孔子学院与天津市教委合作，为苏格兰小学搭建了与天津小学合作的平台，连续4年启动“气候环保课堂”系列活动。相距8800公里的中国和苏格兰两地小学生在各自老师的带领下，采用线上连线的方式，围绕“校园环境”“低碳出行”“健康生活”等话题共同展示、分享交流。2024年6月，天津市南开区实验学校和苏格兰斯特灵思克莱尔小学进行了“云”牵手，开拓了中英两国小学生的国际视野，建立了友好关系。

5. 自我评估和外部评价相结合促进中文教育可持续发展

苏格兰中小学孔子学院重视自我评估工作，紧跟学校步伐提升教学质量，运用大数据和现代技术发展提升教师教学能力。积极进行学习者调查反馈，关注来自学习者的有效评价和考试成绩。孔子学院在自我评估后，积极进行相应的调整和改进，从而适应最新的学习者需求和中文教育需求。同时，孔子学院也积极寻求学校或社区以及当地中文教育相关机构的外部评价，积极与所在地区教育领导部门开展对话协商，寻求新的合作机会，不断向前迈进，促进中文教育本土化和可持续发展。

五、苏格兰中文教育发展策略[①]

英国实行权力下放政策，地方政府制定自己的教育政策和战略。可根据四个地区的不同特色因势利导，采取针对性的措施促进中文融入。苏格兰外语教育政策制定完善，实施效果显著，是积极推进中文融入基础教育体系的典型代表。苏格兰政府致力于与中国达成稳固、长期的双边合作关系，在教育政策框架内通过孔子课堂等项目为年轻人提供中文学习机会，通过实施"1+2"语言政策，增进苏格兰年轻人对中国及其文化的兴趣和了解[②]。

苏格兰国家语言中心在语言政策实施过程中扮演了非常重要的角色，与学校、地区政府、苏格兰教育部、苏格兰学历管理委员会（Scottish Qualifications Authority，简称 SQA）及苏格兰政府紧密合作，在苏格兰全境提供专业外语教育。苏格兰国家语言中心多年来持续与 32 个行政区的中小学取得联系，分批次推动中文融入了 22 个行政区的中小学。苏格兰国家语言中心在语言政策实施过程中扮演了非常重要的角色，推动中文进入 22 个行政区的中小学。截至 2024 年 5 月，苏格兰中小学孔子学院的中文课程和文化活动惠及了 400 多所中小学的 182，554 名学生[③]。本文对中文融入苏格兰基础教育

① 于泓珊，张新生，钟英华．多元文化外语教育背景下加强中文融入英国国民教育体系策略研究［J］．河南大学学报（社会科学版），2024，64（04）：112-119+155。

② 苏格兰国际框架—对华合作战略［EB/OL］（2018-06-01）［2023-12-01］.https://www.gov.scot/binaries/content/documents/govscot/publications/strategy-plan/2018/06/scotlands-international-framework-china-engagement-strategy/documents/scotlands-international-framework-china-engagement-strategy-mandarin-translation/scotlands-international-framework-china-engagement-strategy-mandarin-translation/govscot%3Adocument/00542591.pdf.

③ 数据来源于苏格兰中小学孔子学院内部统计。

体系提出几点具体策略。

策略一：重视国家语言中心的作用，积极对话助力中文教育政策落地。与国家语言中心主要负责人加强对话，以当地基础教育需求为中心提供凸显中文多元价值的语言教学和文化活动。加强发展战略对接，深化本土中文教师培养、教师资格认证和中文水平考试等方面合作，为中文融入苏格兰更多行政区域中小学提供建设性支持。

策略二：采取有力措施为苏格兰中小学孔子学院提供中文教师选派与培训服务。加强与国内国际中文教育重点高校合作，为苏格兰中小学孔子学院规模化专项选派优秀公派教师和志愿者教师，开展专业系统的赴任前培训，助力外派教师尽快适应苏格兰教学环境。

策略三：大力推进中英联合培养具有苏格兰中小学教师资格的汉语国际教育硕士。搭建平台促进国内高校与苏格兰大学联合培养国际中文教育硕士，双方协作共建课程体系和实习实践机制，促使国际中文教育硕士课程和教师资格课程有机融合，培养具有汉语国际教育硕士学位和苏格兰教师资格专业的人才。

策略四：助力苏格兰中小学孔子学院开展本土中文教师培训。国内国际中文教育专业机构、高校和学会组织可与孔子学院对话协商，组织本土中文教师进行线上或来华研修，在过程中取得本土版《国际中文教师资格证书》。

策略五：支持和激励中国教师与苏格兰教师合作开展教学模式本土化探索。以设立教学创新研究项目、开展国际中文教学技能交流活动、举办微课比赛等方式鼓励中外教师合作探索适合苏格兰学生的中文教学模式，解决中文教学方法水土不服的现实问题。

策略六：汇聚力量进行本土中文教学资源建设。通过教学资源课题研究和资源征集评选等手段，充实苏格兰中小学孔子学院中文教学资源库。鼓励中国和苏格兰专家合作编写中小学本土中文教材，符合当地外语教育理念，同时参考《国际中文教育中文水平等级标准》。积极推动数字化教学资源建设，根据苏格兰中文教学需求，创设满足学习者真正表达需求的多模态教学资源，探讨数智技术应用于英国中文教学的具体实践，科技赋能中文教育发展。

六、小结

英国中文教育历史积淀深厚，早期以传教士和外交官为代表的汉学家进行的中文教学、教材编写和经典翻译工作，为中文教育发展建立了牢固的根基。随着 21 世纪中英两国各领域交流与合作的进一步深化，中文得以外语的身份进入了国民教育体系。可以看出，英国外语教育政策重视多元文化融合发展，为中文教育融入国民教育体系开辟了实施空间。加强中文融入英国国民基础教育体系，应对四个地区的外语教育政策进行深度调研，重视中文教育政策制定与实施重点部门和各级参与者的支持作用，积极响应当地政策，通过对话协商了解需求，采取措施助力中文教育政策落地，促进英国中文教育的本土化和高质量、高水平、高标准发展。

第三章　英国孔子学院建设与发展

2024 年世界中文大会上，国家主席习近平致贺信并祝贺孔子学院成立 20 周年。习近平指出，语言是人类交流思想的工具、传承文明的载体、增进理解的桥梁。中文承载着中华民族数千年的文明智慧，是中国贡献给世界的重要公共文化产品，支持服务国际社会开展好中文教育是中国作为母语国的责任。

作为国际文化交流的重要载体，自 2004 年中国第一所海外孔子学院在韩国首尔挂牌成立以来，孔子学院和孔子课堂在海外蓬勃发展。孔子学院是非营利教育机构，由外方机构自愿申请，中外合作方本着相互尊重、友好协商、平等互利原则设立，旨在促进中文国际传播，加深世界人民对中国语言文化的了解，增进中外教育人文交流。孔子学院业务范围主要包括以下八个方面：开展中文教学和相关研究；开展以中文为主要媒介的其他相关学科或领域的教学和研究；开展中文教师培养培训；开发中文教学资源；举办中外语言文化交流活动；开展与中国语言文化等相关的考试和认证；开展中国教育、文化、经济等领域的研究和咨询服务；开展其他符合孔子学院办学宗旨的活动。①

截至 2023 年 12 月 31 日，全球共有 496 所孔子学院和 757 个孔子课堂，分布在 160 个国家和地区。其中，欧洲有 183 所孔子学院，322 个孔子课堂。②2005 年，伦敦大学亚非学院（SOAS）与北京外国语大学合作建立了英国第一家孔子学院——伦敦孔子学院，标志着中英教育合作进入新阶段。截至 2024 年 12 月，

① 孔子学院全球门户网站. 关于孔子学院品牌 [EB/OL][2024-12-01]. https://www.ci.cn/gywm/pp.

② 孔子学院年度发展报告 2023[EB/OL][2024-12-01]. https://www.ci.cn/qkylxq?file=/profile/upload/2024/07/03/471606610_20240703165613A988.pdf.

英国建立了 30 所孔子学院，164 个孔子课堂，居欧洲各国之首。

本章基于《孔子学院年度发展报告》、孔子学院全球门户网站、相关新闻媒体报告等资料及对孔子学院公派教师、志愿者教师问卷及访谈内容自建“英国孔子学院发展数据库”，对英国孔子学院发展进行深入研究。第一节聚焦英国孔子学院整体发展背景、发展现状、发展特点，提出未来发展策略。第二节以英国赫尔大学孔子学院为个案进行深入研究，探讨其发展历程及特色创新项目，展现创新教学法对推进中文进入英国国民教育体系的积极作用，以期为其他国家孔子学院的发展研究提供借鉴。

第一节　英国孔子学院建设现状、特征及策略

一、英国孔子学院发展外部影响因素

中英两国自建交以来，始终保持着紧密的政治、经贸与人文交流，两国关系为英国孔子学院的发展提供了良好的政治与文化环境。英国孔子学院发展受到多种外部因素的影响。深入剖析这些因素，对于理解孔子学院在英国的发展态势以及制定针对性策略具有重要意义。

（一）政治关系

英国是最早承认新中国的西方大国。中英于 1954 年 6 月 17 日建立代办级外交关系，1972 年 3 月 13 日建立大使级外交关系。建交后，中英关系历经波折，总体上朝着积极稳定的方向发展。1997 年香港政权顺利交接后，两国关系进入全面发展的新阶段。中英两国于 1972 年建立大使级外交关系。1998 年，朱镕基总理与布莱尔首相互访并发表联合声明，确立了中英全面伙伴关系的发展框架，揭开了中英关系的新篇章。进入 21 世纪，两国积极推动合作领域拓展。2004 年 5 月，温家宝总理正式访英期间，两国发表联合声明，宣布建立全面战略伙伴关系和两国总理年度会晤机制，英国成为欧洲国家中最早与中国建立全面战略伙伴关系的国家。

政治上，两国领导人的高频互动为文化与教育领域的合作持续赋能。两国高层互访不断，政治对话机制逐渐完善，这为孔子学院在英国的发展营造了积极的政治氛围。两国政府在文化教育交流方面达成的共识，为孔子学院

的设立和扩张提供了政策支持与保障。2015 年 10 月 19 日至 23 日，应伊丽莎白二世女王邀请，习近平主席对英国进行国事访问，其间分别同伊丽莎白二世女王、菲利普亲王、查尔斯王储、安德鲁王子、威廉王子等英国王室成员会面，同卡梅伦首相在首相府举行会谈，应邀赴契克斯首相私人官邸做客，在卡梅伦首相陪同下访问曼彻斯特，并分别在英议会、伦敦金融城、中英工商峰会闭幕式上发表重要演讲。两国发表《中英关于构建面向 21 世纪全球全面战略伙伴关系的联合宣言》，开启持久、开放、共赢的中英关系“黄金时代”。习近平主席访问英国期间，中英双方达成一系列重要共识，其中就包括加强教育领域的交流合作。

2015 年 10 月 22 日，习近平主席在伦敦出席全英孔子学院和孔子课堂年会开幕式。习近平在致辞中指出[①]，多年来，孔子学院和孔子课堂的教职工为介绍中华文化、沟通人民心灵、搭建友谊桥梁倾注了大量热情和心血，取得了可喜成绩。语言是了解一个国家最好的钥匙，孔子学院是世界认识中国的一个重要平台。作为中外语言文化交流的窗口和桥梁，孔子学院和孔子课堂为世界各国民众学习汉语和了解中华文化发挥了积极作用，也为推进中国同世界各国人文交流、促进多元多彩的世界文明发展作出了重要贡献。2018 年 1 月，习近平主席会见英国前首相卡梅伦。2021 年 2 月，李克强总理向英国 48 家集团俱乐部、英国中国商会和英中贸协联合举办的 2021 年“破冰者”新春庆祝线上活动发表视频致辞。2023 年 9 月，李强总理在新德里出席二十国集团领导人峰会期间会见英国首相苏纳克。

中英总体积极稳定的政治关系为孔子学院的发展提供良好的外部环境，然而国际形势复杂多变，部分英国政治势力出于意识形态等因素，对中国的一些政策和发展产生误解和偏见，这种政治氛围的变化对孔子学院的发展也产生过一些负面舆论影响。如 2022 年 10 月 25 日，里希・苏纳克（Rishi Sunak）就任英国首相，他曾于就任前在 7 月 25 日在推特表示将关闭英国全境共计 30 所孔子学院。由于孔子学院在英国的发展具有良好的中外合作基础，部分政治家的言论并没有对其发展造成实质影响。

2024 年 11 月，习近平主席和斯塔默首相成功会晤，为中英关系发展明确

---

① 新华网．习近平出席全英孔子学院和孔子课堂年会开幕式 [EB/OL]（2015-10-23）[2024-12-01] https://www.xinhuanet.com/politics/2015-10/23/c_128347954.htm.

了方向，注入了强大动力。[①]2025 年 2 月 13 日，中共中央政治局委员、外交部长王毅在伦敦同英国外交大臣拉米举行第十次中英战略对话，双方就下一步双边交往的路线图达成了重要共识，同意加强各层级交往，深化人文交流，增进相互理解。[②] 这种领导人之间的互动释放出积极信号，促使英国社会各界对中国文化与教育的关注度明显提升，为孔子学院开展教学与文化活动营造了良好的社会氛围。

（二）经贸关系

中英经济合作交流的深化创造了对中文教育的市场需求并带来资源支持。英国是中国在欧洲第三大贸易伙伴、第三大投资目的地和第三大外资来源地，中国是英国在亚洲最大贸易伙伴。2024 年，中英双边贸易额 983.6 亿美元，同比增长 0.4%，其中中国对英国出口 788.7 亿美元，同比增长 1.2%，自英国进口 194.9 亿美元，同比下降 2.9%。英国工商业联合会（CBI）2023 年的报告显示，67% 的受访企业认为“中文能力”是未来十年员工需具备的核心技能之一。[③] 这一需求为孔子学院指明未来成为“中文 + 职业”复合型服务平台的发展方向。

2024 年发布的《2024 年英国中资企业发展报告》报告显示，尽管面临地缘政治紧张、生活成本增加等挑战，在英中资企业仍展现出强大的韧性和增长潜力，中英两国的合作潜力仍然巨大，中资企业对在英长期发展充满信心。超半数的受访在英中资企业实现了盈利，达到五年来最高比例水平。92% 的企业预计未来两年在英业务营收将趋于稳定或有所增长，报告还指出，64% 的受访企业有意与英国企业深化合作。此外，越来越多的中资企业寻求与英国合作伙伴携手开拓全球市场，这表明中英合作已经不再局限于双边贸易。报告对未来中英合作的方向也给出了一系列建议。在英中资企业的持续稳定发展保证了英国就业市场对中文人才的需求。英国企业为拓展中国市场、与中国合作伙伴更好地沟通，也对员工的中文能力提出了要求。英国孔子学院顺应市场需求，提供一系列专项服务。例如英国伦敦商务孔子学院成立于

① 央视网. 习近平会见英国首相斯塔默 [EB/OL](2024-11-18)[2024-12-01]. https://news.cctv.com/2024/11/18/ARTIB53I4PHZiSD5vkoL9NSZ241118.shtml.

② 中华人民共和国外交部. 第十次中英战略对话在伦敦举行 [EB/OL].(2024-02-13)[2024-12-01]. https://www.fmprc.gov.cn/.

③ 英国工商业联合会（CBI）. 2023 年英国企业语言技能需求报告 [R]. 伦敦：CBI，2023.

2006年，由清华大学和伦敦政治经济学院合作承办，主要面向伦敦工商界管理人员、在校师生提供商务汉语、中国文化课程，是全球第一所商务特色示范孔子学院，致力于教授英国企业高管和商务汉语专业人才如何在商务场合运用中文，同时理解中国商业文化。这种企业层面的需求传导至教育领域，促使更多英国学生和职场人士选择学习中文，为孔子学院的中文课程招生带来积极影响。

（三）人文交流

随着中国经济的崛起和英国对全球化教育的重视，中英双方在人文交流和教育领域的合作尤为突出。中英自2012年起建立高级别人文交流机制，迄已举行五次会议，最近一次会议于2017年12月在伦敦举行。两国签有政府间科技合作协定和20多项科技合作对口协议或备忘录。2018年11月，中英科技创新合作联委会第9次会议在英举行。两国文化交流活跃。2015年是"中英文化交流年"，上半年在中国举办以"新世代"为主题的"英国文化季"，下半年在英国举办以"创意中国"为主题的"中国文化季"。英国文化季以数字媒体为中心，通过音乐、电影、建筑、文学、美术等形式，在北京、上海、广州等多地举办了许多富有创意的文化活动，向中国公众展示了英国的文化魅力和创新能力。"中国文化季"通过戏剧、音乐、舞蹈、设计、时尚、新媒体等多种形式，向英国公众介绍当代中国的文化创造。2016年，双方举办纪念汤显祖、莎士比亚逝世400周年系列活动。2018年2月，"秦始皇和兵马俑"展在英国利物浦国家博物馆举行。2019年，中国国家京剧院等在英举办新中国成立70周年主题演出。

在教育合作领域，2005年，中英签署《中英教育合作伙伴关系框架协议》，明确将语言教育纳入合作重点。文化交流上，随着中英关系的升温，越来越多的英国院校开设中国学相关的课程。在本科阶段，截至2020年8月，英国共有41所英国院校设置包括中文模块和中国文化等其他课程的学士学位，到2021年8月，有九所大学或学院新增与中国有关的课程。在研究生阶段，2021年英国有21所院校开设89个中国研究课程。此外，英国现有13所院校开设中文系，英国总共有14个中国研究中心，包括跨机构研究中心。[①]

---

① 平原，王斌华. 英国外语学科近年的政策行动和发展动态——基于学科调查报告和政策文件的观察［J］. 语言教育，2025，13（01）：50-58+130.

孔子学院是教授语言和传播中国文化的重要载体，由孔子学院举办的各类文化讲座、书法绘画展览、传统节日庆祝活动等吸引了大量英国民众参与，这些活动促进了中英文化的深入交流，增进了两国人民之间的友谊，反过来又推动了两国在民间层面的友好发展，形成了一个良性的循环系统，同时有力支撑了孔子学院在英国的良性发展。例如，2024 年 4 月，在第 55 个世界地球日到来之际，天津市教委与苏格兰中小学孔院联合组织的环保课程“让我们的环境更美好——生态学习伙伴项目”正式开课，来自天津市 9 所小学与苏格兰 9 所学校的同学们共同汇报他们的学习成果，近千名小学生参加活动。环保项目是苏格兰中小学孔院的经典项目，已连续组织 4 年，在苏格兰影响颇广。2021 年，环保项目的精彩瞬间在世界环保大会上亮相；2022 年，苏格兰首席大臣曾高度赞扬天津与苏格兰的小学生们为环保作出的贡献。[①]

二、英国孔子学院发展现状

（一）发展规模

英国是全球最早建立孔子学院的欧洲国家之一。伦敦孔子学院于 2005 年成立，是英国第一所孔子学院。当前英国共建设有 30 所孔子学院，其中英格兰地区 21 所，苏格兰 5 所，威尔士 3 所，北爱尔兰 1 所。如图 3-1 所示，在过去的二十年间，英国孔子学院的数量稳步增长，办学规模显著扩大。2005 至 2009 年为英国孔子学院建设的起步阶段，此期间新建并开始运营的孔子学院共 12 所。2010 至 2016 年，英国孔子学院建设进入高速发展期，此期间新建并运行的孔子学院为 20 所，累计建有孔子学院 29 所。2017 至 2024 年为英国孔子学院建设的稳步发展期，此期间新建并运营的孔子学院为 2 所，其中英国开放大学孔子学院是由伦敦孔子学院转型而来。

① 神州学人网．世界地球日，苏格兰与天津小学生共上环保课［EB/OL］.（2024-04-26）［2024-12-01］. http://www.chisa.edu.cn/exclusive/202404/t20240425_2111186736.html.

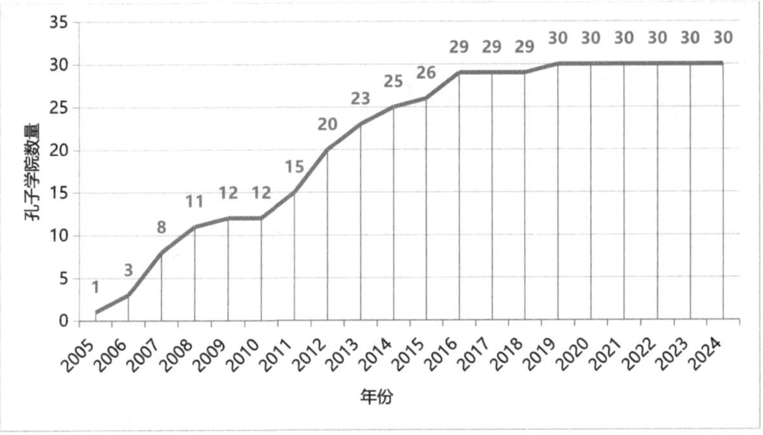

图3-1　2005—2024年英国孔子学院数量

英国孔子学院在提供中文教育服务方面发挥了重要作用，孔院中英合作主体多样，包括中英知名高校、政府教育部门、知名公司、教育行业相关机构等。中英高校如北京大学、清华大学、复旦大学、南开大学、厦门大学等中国高校，曼彻斯特大学、爱丁堡大学、牛津布鲁克斯大学等英国高校；政府教育部门如苏格兰中小学孔子学院的合作院校天津市教育委员会和苏格兰国家语言中心；知名公司包括伦敦商务孔子学院的合作院校汇丰银行、渣打银行、德勤会计事务所、太古集团、英国石油公司等；教育行业相关机构中国如外语教学与研究出版社。具体情况如表 3—1 所示。

表3-1　英国孔子学院列表

开始运营年份	孔子学院名称	所在地区	英方合作院校	中方合作院校	全球先进孔院	备注
2005	伦敦孔子学院	英格兰	伦敦大学亚非学院	北京外国语大学		英国第一所孔子学院，现已转换为英国开放大学网络孔子学院

（续表）

开始运营年份	孔子学院名称	所在地区	英方合作院校	中方合作院校	全球先进孔院	备注
2006	曼彻斯特大学孔子学院	英格兰	曼彻斯特大学	北京师范大学		示范孔子学院（2016）
	伦敦商务孔子学院	英格兰	伦敦政治经济学院、汇丰银行、渣打银行、德勤会计师事务所、太古集团、英国石油公司	清华大学	2014	示范孔子学院；全球第一所商务特色孔子学院
2007	爱丁堡大学苏格兰孔子学院	苏格兰	爱丁堡大学	复旦大学	2007—2010、2012	示范孔子学院（2015）
	谢菲尔德大学孔子学院	英格兰	谢菲尔德大学	北京语言大学、南京大学	2010、2015、2018	示范孔子学院
	威尔士三一圣大卫大学孔子学院	威尔士	威尔士三一圣大卫大学	北京联合大学		
	SSAT孔子学院（现伦敦大学学院教育学院孔子学院）	英格兰	伦敦大学学院教育学院	北京大学	2008、2009	示范孔子学院；全球第一所以中小学为基础的孔子学院
	诺丁汉大学孔子学院	英格兰	诺丁汉大学	复旦大学		示范孔子学院
2008	伦敦中医孔子学院	英格兰	伦敦南岸大学	黑龙江中医药大学、哈尔滨师范大学	2009—2013	示范孔子学院；全球第一所中医特色孔子学院
	卡迪夫大学孔子学院	威尔士	卡迪夫大学	厦门大学		
	兰开夏中央大学孔子学院	英格兰	兰开夏中央大学	北京第二外国语学院	2019	
2009	利物浦大学孔子学院	英格兰	利物浦大学	西安交通大学		

（续表）

开始运营年份	孔子学院名称	所在地区	英方合作院校	中方合作院校	全球先进孔院	备注
2011	兰卡斯特大学孔子学院	英格兰	兰卡斯特大学	华南理工大学		
	格拉斯哥大学孔子学院	苏格兰	格拉斯哥大学	南开大学	2016	
	南安普顿大学孔子学院	英格兰	南安普顿大学	厦门大学		
2012	苏格兰中小学孔子学院	苏格兰	苏格兰国家语言中心	天津市教委	2014	示范孔子学院
	奥斯特大学孔子学院	北爱尔兰	奥斯特大学	湖北师范大学	2016	
	伦敦大学金史密斯舞蹈与表演孔子学院	英格兰	伦敦大学金史密斯学院	北京舞蹈学院	2017	全球第一所舞蹈和艺术特色孔子学院
	班戈大学孔子学院	威尔士	班戈大学	中国政法大学		
	利兹大学商务孔子学院	英格兰	利兹大学	对外经济贸易大学		
2013	纽卡斯尔大学孔子学院	英格兰	纽卡斯尔大学	厦门大学		
	阿伯丁大学孔子学院	苏格兰	阿伯丁大学	武汉大学		
	知山大学孔子学院	英格兰	知山大学	重庆师范大学		
2014	德蒙福特大学孔子学院	英格兰	德蒙福特大学	北京科技大学		
	赫瑞瓦特大学苏格兰商务与交流孔子学院	苏格兰	赫瑞瓦特大学	天津财经大学		
2015	伦敦玛丽女王大学孔子学院	英格兰	伦敦玛丽女王大学	上海财经大学（2015）北京邮电大学（2020）		

（续表）

开始运营年份	孔子学院名称	所在地区	英方合作院校	中方合作院校	全球先进孔院	备注
2016	牛津布鲁克斯大学孔子学院2016	英格兰	牛津布鲁克斯大学	外语教学与研究出版社		全球第一家由国内出版机构参与共建的孔子学院
	英国赫尔大学孔子学院	英格兰	赫尔大学	天津师范大学		
	考文垂大学孔子学院	英格兰	考文垂大学	江西财经大学		
2019	哈德斯菲尔德大学科技创新孔子学院	英格兰	哈德斯菲尔德大学	华东理工大学		全球第一所科技创新特色孔子学院
2022	英国开放大学网络孔子学院（前伦敦大学孔子学院）	英格兰	英国开放大学	北京外国语大学		全球第一所网络孔子学院

英国孔子学院不仅在规模上保持欧洲领先地位，在中文教育质量和特色项目创新方面也走在前列。中华人民共和国驻大不列颠及北爱尔兰联合王国大使馆历任大使多次发表主题演讲，高度赞扬孔子学院为推动中英人文交流做出了重要贡献。2007 年至 2019 年，全英共有 10 所孔子学院先后 20 次入选全球先进孔院名录，包括爱丁堡大学苏格兰孔子学院、伦敦大学教育学院孔子学院、伦敦中医孔子学院、谢菲尔德大学孔子学院、伦敦商务孔子学院、苏格兰中小学孔子学院、格拉斯哥大学孔子学院、奥斯特大学孔子学院、伦敦大学金史密斯舞蹈与表演孔子学院和谢菲尔德大学孔子学院。过去 20 年间，全英共有 8 所孔子学院被评为“全球示范孔子学院”，包括伦敦中医孔子学院、伦敦大学教育学院孔子学院、谢菲尔德大学孔子学院、爱丁堡大学苏格兰孔子学院、诺丁汉大学孔子学院、曼彻斯特大学孔子学院、伦敦商务孔子学院和苏格兰中小学孔子学院，在中文教学、师资培养培训、教学资源开发、中外文化交流、当代中国研究、“中文 +”培训、特色科研项目等方面发挥了示范引领和辐射带动作用。

（二）课程设置

开展中文教学是孔子学院最核心的业务内容。通过自建“英国孔子学院发展数据库”，本研究对英国30所孔子学院的课程设置情况进行了统计。研究发现，当前英国孔子学院围绕“促进中文国际传播，加深世界人民对中国语言文化的了解，增进中外教育人文交流”的目标，开设了丰富多样的课程，以满足不同群体中文学习者的需求。当前英国孔子学院开展的课程主要包括中文课程、语言文化体验课程、中国文化课程三大类。

1. 中文课程开设情况。全英30所孔院都面向不同层次的学习者开设了中文课程，包含通用汉语课程、HSK汉语水平考试专项课程及“中文+职业”课程。面向的学习者包括小学生、中学生、大学生、在职人员、退休人员和学前儿童。例如英国爱丁堡苏格兰孔子学院每年提供70余门语言课程，并提供上门教学和一对一私人教学。曼彻斯特大学孔子学院每年有4个学期共35个教学周，以综合汉语、汉语会话课为主，辅以HSK汉语水平考试辅导课，为零起点到高级水平各个层次的中文学习者服务。兰卡斯特大学孔子学院面向兰卡斯特大学学生开设汉语辅修专业，提供中文与中国文化学分课和非学分课。学分可包括通用汉语课和商务汉语课，大学9个本科专业和1个硕士专业已经将中文纳入其课程计划。

2. 语言文化体验课程。全英约60%的孔子学院提供中文和中国文化相结合的体验课程，例如英国赫尔大学孔子学院面向当地民众长期开展“中国语言文化日”活动，将中文及书法、中国歌、太极拳、剪纸、绘画、中国节日等文化体验活动融合在一天内开展，为学习者提供中国语言和文化的综合体验。考文垂大学孔子学院面向当地中学师生开展为期一天的中国语言文化体验课，包括“链结中国”（中国结体验）、“太初之极”（太极拳体验）、“翰墨祝福”（书法体验）、“趣话五官”（中文体验）四门课程，激发了中学生学习汉语的热情。

3. 中国文化课程。全英约70%的英国孔子学院开设中国文化课程，包含书法、绘画、太极、舞蹈、国画、茶道、中医等中国传统文化课程及中国商务文化、跨文化交际、中国社会、饮食文化等当代中国课程。例如伦敦商务孔子学院面向英国企业高管开设文化讨论专题，如《孙子兵法》和商务战略计划课程、《易经》与国际领导力课程等。赫瑞瓦特大学苏格兰商务与交流孔子学院开设了包含电影、绘画、商务礼仪等内容在内的中国文化与艺术课程。

（三）师资情况

教师是国际中文教育高质量发展的关键因素。[①] 英国孔子学院在中文教学与文化传播中扮演着重要角色，其师资情况呈现出多元构成、动态发展的特点，对教学成效和文化交流深度有着关键影响。

从师资来源看，英国孔子学院师资主要由中方派遣国家公派教师、国际中文教育志愿者教师以及本土教师三部分组成。中方派遣教师通常由国内合作院校选拔推荐，多来自专业的师范院校或具备汉语国际教育优势学科的高校，像北京师范大学、厦门大学、天津师范大学等院校会向合作的英国孔子学院输送教师。这些教师专业素养扎实，接受过系统的汉语言文学、国际中文教育、跨文化交际专业训练，拥有丰富的汉语教学理论知识和实践经验，能够为英国学生提供高质量的汉语语言知识传授，涵盖语音、词汇、语法、汉字等各方面教学。

国际中文教育志愿者教师多为国内高校国际中文教育等相关专业的优秀学生。例如，曼彻斯特大学孔子学院主要由北京师范大学汉语文化学院的研究生以志愿者教师身份参与授课。他们年轻有活力，熟悉当下流行文化，能以新颖有趣的教学方式激发英国学生学习汉语的兴趣。在教学过程中，善于运用多媒体资源、生成式人工智能、互动游戏等手段，活跃课堂气氛，提升学生参与度，在日常交流中也能与学生建立良好关系，传播中国文化。

本土中文教师在英国孔子学院师资队伍中的占比逐渐增加。本土教师对英国教育体系、学生学习特点及文化背景有深刻理解，能更好地将汉语教学与当地教育实际相结合。部分本土教师拥有多年外语教学经验，教学方法成熟，在课堂管理方面经验丰富，能有效维持课堂秩序，保障教学活动顺利开展，得到当地学校的认可和学生的喜爱。例如谢菲尔德大学孔子学院聘任了多名本土中文教师在下设的星星中文学校任教。2021 年，谢菲尔德大学孔子学院星星学校的三位本土中文教师获“2021 年优秀华文教师”称号。一些孔子学院会通过定期举办各类教学工作坊、邀请专家举办讲座等方式，为本土教师提供持续的专业发展机会，提升其汉语教学水平与对中国文化的认知深度，例如卡迪夫大学孔子学院携手班戈大学、三一圣大卫大学孔子学院，定期为

---

① 王辉. 国际中文教育高质量发展的内涵特征和实践进路 [J]. 四川师范大学学报（社会科学版），2023，50（04）：131-137. DOI:10.13734/j.cnki.1000-5315.2023.0614.

威尔士地区的本土中文教师举办专项培训。2024 年的培训内容包括威尔士中文教学概况，威尔士中文教学新课标，英国青少年安全保护，有效的课堂管理策略，教学设计方案，优秀中文课现场示范及教学案例探讨研学等，助力威尔士地区的本土中文教师提升教学能力。

（四）文化活动

英国孔子学院通过举办各类文化活动，在传播中国文化、增进中英文化交流方面发挥着关键作用，其文化活动呈现出丰富多样的形式和广泛的参与度。

1. 活动类型丰富多样

英国孔子学院举办的文化活动包括多种类型。图 3—2 为英国孔子学院开展的文化活动类型调查结果，分值为所有填写者对选项的排序情况自动计算得出的，反映了选项的综合排名情况，得分越高表示综合排序越靠前。调研显示，中国传统节日主题文化活动是英国孔子学院开展最多的文化活动，如春节、中秋节期间，会组织舞龙舞狮、猜灯谜、制作月饼等活动，让英国民众亲身感受中国传统节日的欢乐氛围与深厚文化内涵。例如 2025 年 2 月，英国纽卡斯尔大学孔子学院在纽卡斯尔城中举办了春节汉服展示活动，吸引了数万名当地市民前来观看。在文化体验类活动中，书法、剪纸、太极拳、中国茶艺等活动深受欢迎，参与者能够亲自动手实践，体验中国传统文化的独特魅力。此外，还会举办艺术展等活动，展示中国的绘画、书法、摄影作品，以及中国电影赏析、汉字起源讲座等活动，从不同角度传播中国文化。例如 2024 年 3 月，中国教育部中外语言交流合作中心联合牛津布鲁克斯大学孔子学院举办中国作家国际驻留活动，邀请中国著名作家鲁敏面向当地民众举办了中国文学作品相关主题讲座。部分孔子学院还会组织“汉语桥”世界大学生和中小学生中文比赛等技能竞赛活动，激发学生学习汉语的热情。

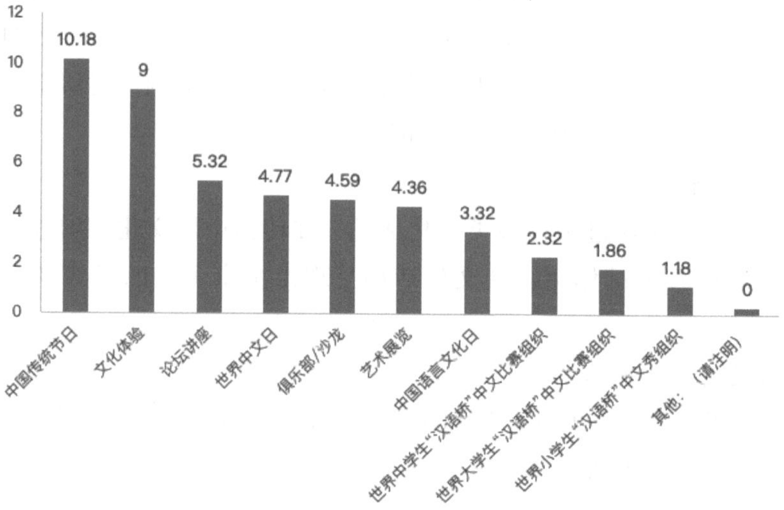

图3-2　英国孔子学院文化活动类型调查

2. 参与群体广泛

文化活动吸引了来自不同年龄段和社会阶层的人群参与。学生群体是重要的参与者，包括小学生、中学生和大学生，他们通过参与活动，不仅提高了对中国文化的认知，还增强了对汉语学习的兴趣。合作院校的教师也积极参与其中，借助活动加深对中国文化的理解，促进双方在教育领域的交流与合作。当地民众对中国文化活动的热情也较高，他们通过这些活动，增进了对中国的了解和认识，有助于推动中英民间友好往来。一些活动还吸引了当地政府人员、企业机构人员的参与，为孔子学院与当地社会的深度合作搭建了桥梁。

3. 活动成效显著

从传播中国文化的角度来看，孔子学院的文化活动让更多英国民众接触和了解到中国文化的多元性，有效提升了中国文化在英国的影响力。例如，赫尔大学孔子学院举办的回音壁音乐会，使当地民众对中国音乐产生了浓厚兴趣，增强了对中国文化的了解。在促进文化交流方面，活动为中英双方提供了互动平台，加深了彼此的文化理解和尊重，有助于消除文化隔阂，增进两国人民的友谊。通过文化活动，还为汉语教学营造了良好的氛围，激发了更多人学习汉语的积极性，对孔子学院的汉语教学工作起到了积极的推动作用。

三、发展特点

自 2005 年伦敦孔子学院成立以来，历经多年发展，英国孔子学院已成为中英文化教育交流的重要桥梁。在全球中文教育发展格局中，英国孔子学院凭借其独特的发展路径和显著成果，占据着重要地位。深入剖析其发展特点与策略，不仅有助于理解英国孔子学院的发展现状，还能为全球孔子学院的可持续发展提供有益借鉴。

（一）多种服务助力中文传播

英国孔子学院在推动中文国际传播的过程中，不仅依托传统的课堂教学和文化体验活动，还积极创新服务模式，通过提供多种类型的服务，满足不同层次、不同领域中文学习者的需求，有效助推了中文在英国乃至欧洲的广泛传播。

1. 定制化课程服务

英国中文学习者群体具有多样性，中文学习动机也各有不同，如对汉字感兴趣、想去中国旅行、工作需要等。英国孔子学院在当地需求的驱动下，为不同学习目的、中文水平、年龄层次的中文学习者提供了丰富多样的定制化课程服务。例如商务中文课程、旅行中文课程、成人通用中文课程、青少年中文课程等。为了满足英国本土中文教师不断提升教学能力的需求，英国孔子学院还提供了中文教师培训课程。这些课程涵盖语言教学理论、教学方法、课堂管理等多个方面，帮助本土教师和公派教师更好地掌握 2021 年发布的《国际中文教育中文水平等级标准》系列文件的理念，提升教学质量。

2. 学术与科研服务

英国孔子学院与当地承办院校和研究机构合作举办培训和研讨会，为中文教师和研究者提供交流的平台。例如，2023 年格拉斯哥大学孔子学院举办了第二届英国高校中文教学研讨会。来自伦敦大学、格拉斯哥大学、曼彻斯特大学等 18 所高校和 24 所孔子学院的 80 余名国际中文教师和学者围绕“实践、传统、创新”主题，就英国高校中文教学法创新、课程设置、教材选编、教学资源建设、中文教学校际合作等进行研讨。

3. 社区与公共服务

英国孔子学院还深入英国社区，提供公共服务，进一步推动中文和中国文化的传播。例如，英国诺丁汉大学孔子学院与当地湖畔艺术中心联合举办秋季慈善音乐会，旨在为诺丁汉大学退智症研究中心筹集善款，支持相关研究。此次音乐会提高了当地民众对退智症的认识与关注，并筹集善款近 1，000 英镑。2023 年秋季，纽卡斯尔大学孔子学院与当地吉尔曼斯路特殊教育学校合作开设中文和中国文化课程，为特殊需求学生提供学习中文和跨文化交流的机会，帮助学生提升语言技能，开拓国际视野，了解多元文化，更好地融入当地社会。

综上所述，英国孔子学院通过提供定制化课程服务、学术与科研服务、社区与公共服务等多种类型的服务，有效助推了中文在英国的传播。这些服务不仅满足了不同层次、不同领域中文学习者的需求，还增进了英国民众对中国文化的了解和认识，为中英人文交流搭建了坚实的桥梁。

（二）品牌项目发挥引领作用

英国孔子学院在推动中文国际传播与促进中英文化交流的过程中，形成了一系列具有深远影响的重点品牌项目。这些项目不仅提升了孔子学院的知名度与影响力，还为中文教育在英国的普及与深化奠定了坚实的基础。本研究以英国四个地区英格兰、苏格兰、威尔士和北爱尔兰孔子学院的典型项目为例，深入分析品牌项目发挥的引领作用。

1. 伦敦大学学院教育学院孔子学院的“中文培优”项目

2016 年，英国教育部出资建立了“中文培优”项目，由伦敦大学学院教育学院孔子学院和英国文化教育协会组织实施，并在中国教育部中外语言交流合作中心的支持下开展本土中文教学和沉浸式来华交流活动。项目启动至 2024 年 9 月已助力来自英格兰地区 80 所中学，超过 13，000 名学生走上流利掌握中文的道路。“中文培优”项目作为英格兰最为成功的国际中文教育中外合作项目，对推动中文纳入英国国民教育体系起到积极作用，为中文教育的长期发展奠定了坚实基础。2022 年，几乎一半“中文培优”项目学生取得了英国中等教育证书 GCSE 中文考试 8 分或 9 分的优秀成绩，90% 的学生取得了 5 分以上的成绩，远远高于非项目学生获得高分成绩的比例。

2. 卡迪夫大学孔子学院的“威中中小学中文教学”项目

自 2008 年起，卡迪夫大学孔子学院牵头组织威尔士三所孔子学院威尔士政府合作开展“威中中小学中文教学”项目（Wales China Schools' project）。该项目聚焦于威尔士地区中小学的中文教学，有以下三个目标。

第一，增加威尔士孔子课堂学生在正式和非正式场合学习和理解汉语和中国文化的机会。第二，增加威尔士其他学校（特定学区内以及四大教育联盟）学生参与各种课外活动和中文学习的机会。第三，为威尔士的本土中文教师、辅导老师和志愿者提供专业发展培训，并提供量身定制的语言沉浸式课程。该项目通过多种方式，着力提升当地中文教学的质量与水平。在“威中中小学中文教学”项目的推动下，威尔士地区开设中文课程的学校数量显著增加，中文教学质量得到显著提升。项目团队还积极与威尔士地方政府和教育部门沟通协作，争取更多政策支持与资源投入，为孔子学院在该地区的深耕细作创造了有利条件。

3. 苏格兰中小学孔子学院的“生态学习伙伴”项目

苏格兰中小学孔子学院与天津市教委合作开展“生态学习伙伴”项目，自 2021 年起已连续开展四年，在苏格兰影响深远。该项目通过环保教育增进苏格兰与中国学生之间的友谊与理解，成为中英文化交流的新亮点。项目活动丰富多彩，中国和苏格兰的小学生们围绕生物多样性、低碳出行、校园环境、减少垃圾、爱护草木、水资源利用等 8 个环保课题进行远程线上交流。通过这些活动，学生不仅学习到了环保知识，还增进了对彼此文化的了解与尊重，为培养具有国际视野和跨文化交际能力的人才奠定了基础。2021 年，环保项目的精彩瞬间在世界环保大会上亮相；2022 年，苏格兰首席大臣曾高度赞扬天津与苏格兰的小学生们为环保作出的贡献。

4. 北爱尔兰奥斯特大学孔子学院的“中文合唱团”项目

北爱尔兰奥斯特大学孔子学院与奥斯特大学及当地多所中小学合作成立了中文合唱团。奥斯特大学孔子学院的“中文合唱团”优美的歌声和对中国文化的热爱引起了国内外媒体的关注，受到多家媒体采访，提升了英国孔子学院的整体形象。2023 年春节前夕，中国中央电视台新闻频道对孔子学院下设米尔本小学孔子客厅的新春活动进行了报道，学员们通过演唱中文歌曲《小燕子》、写“福”字等活动向中国民众拜年。2020 年春天，这个合唱团的孩子们用歌声把祝福送给抗疫中的中国武汉；2022 年新年，他们又唱响中文歌曲《2022 相约北京》，为北京冬奥会加油。合唱团相关新闻被各类媒体转载、播出上百万次，直观地展现了孔子学院和课堂的中文教学水平和学员们的学习热情，进一步扩大了中文教育的影响力。

表3-2 英国代表性孔子学院品牌项目列表

序号	地区	孔子学院名称	品牌项目
1	英格兰	伦敦大学学院教育学院孔子学院	“中文培优”项目
2	威尔士	卡迪夫大学孔子学院	“威中中小学中文教学”项目
3	苏格兰	苏格兰中小学孔子学院	“生态学习伙伴”项目
4	北爱尔兰	奥斯特大学孔子学院	“中文合唱团”项目

（三）特色孔院发展成效显著

英国孔子学院在过去二十年的发展中，涌现出了一批具有鲜明特色的孔子学院。这些特色孔院凭借独特的办学理念和项目设计，在中文教育和文化交流领域取得了显著成效，具体情况如表 3—3 所示。伦敦商务孔子学院是全球第一所商务特色孔子学院，由清华大学和伦敦政治经济学院承办，为英国商界提供定制课程与活动以促进商务文化交流；伦敦大学学院教育学院孔子学院是由伦敦大学学院与北京大学合作创办的全球第一所以中小学为基础的孔子学院，在推动中文教育进入英国国民教育体系方面发挥了重要作用。学院建设了 39 所孔子课堂，承办了英国教育部投资的“中文培优”项目，与英国多所中小学建立了紧密的合作关系，共同开发适合英国学生的中文教材和教学方案。此外，学院还积极组织教师培训、教学研讨等活动，提升英国中小学中文教师的专业素养和教学能力。伦敦中医孔子学院由黑龙江中医药大学、伦敦南岸大学、哈尔滨师范大学共同创办，是全球第一所中医特色孔子学院。建院 17 年来，伦敦中医孔子学院已发展成为以中医药文化为特色，集教学、培训、研究、服务等多种功能于一体的、全球发展最全面的孔子学院之一。该孔院运营特色中医诊所，服务社区民众。经过多年运营，中医诊所人数稳步上涨，在当地已形成良好的口碑与一定的影响力。

伦敦大学金史密斯舞蹈与表演孔子学院由伦敦大学金史密斯学院与北京舞蹈学院合作创办，是全球第一所舞蹈和艺术特色孔子学院，以舞蹈和表演为主体促进文化艺术交流；学院不仅开设舞蹈和表演课程，还积极组织艺术展览、演出等活动，为英国民众提供了了解中国文化的独特视角。牛津布鲁克斯大学孔子学院由北京外国语大学外语教学与研究出版社与英国牛津布鲁克斯大学合作建设，是全球第一家由国内出版机构参与共建的孔子学院，利用出版优势开展特色活动。学院不仅提供中文课程和文化讲座，还积极组织作家驻留、图书展览等活动，推广中国文学作品和文化产品。通过这些活动，英国民众能够更全面地了解中国文化的多样性和丰富性，增进了对中国文化的兴趣和热爱；哈德斯菲尔德大学科技创新孔子学院由华东理工大学和哈德斯菲尔德大学合作共建，是全球第一所科技创新特色孔子学院，标志中英孔院合作进入新阶段。哈大孔院开设了基础汉语、科技汉语和中华文化课程，为当地社区和支柱企业学习中文和了解中国文化搭建平台。通过科技创新这一前沿领域，哈德斯菲尔德大学科技创新孔子学院为英国民众提供了了解中国科技创新成果和发展动态的重要窗口。伦敦开放大学网络孔子学院由北京外国语大学与英国开放大学合作建设，是全球第一所网络孔子学院，依托双方优势开展网络中文教学和文化传播活动。孔子学院利用现代信息技术手段，为英国民众提供灵活多样的在线中文学习资源和文化交流平台。通过网络孔子学院这一创新模式，伦敦开放大学网络孔子学院打破了地域和时间的限制，让更多人能够便捷地学习中文和了解中国文化。

表3–3　英国特色孔子学院列表

序号	孔子学院	特色
1	伦敦商务孔子学院	全球第一所商务特色孔子学院
2	伦敦大学学院教育学院孔子学院	全球第一所以中小学为基础的孔子学院
3	伦敦中医孔子学院	全球第一所中医特色孔子学院
4	伦敦大学金史密斯舞蹈与表演孔子学院	全球第一所舞蹈和艺术特色孔子学院
5	牛津布鲁克斯大学孔子学院	全球第一家由国内出版机构参与共建的孔子学院
6	哈德斯菲尔德大学科技创新孔子学院	全球第一所科技创新特色孔子学院
7	伦敦开放大学网络孔子学院	全球第一所网络孔子学院

（四）多方协作共建成效斐然

英国孔子学院的发展离不开中外各方的紧密协作与共建。通过政府、高校、企业、文化机构等多方资源的整合与共享，英国孔子学院形成了强大的合作网络，为中文教育和文化交流提供了有力支撑。在院校合作方面，中英双方高校充分发挥各自的学科优势和教育资源，共同推动孔子学院的建设与发展。以曼彻斯特大学孔子学院为例，中方合作院校北京师范大学在汉语国际教育、中国文化研究等领域具有深厚的学术积淀，为孔子学院提供了专业的师资队伍和优质的教学资源。英方曼彻斯特大学则在教育管理、跨文化交流等方面给予支持，双方共同开展课程研发、师资培训和学术研究等工作，实现了优势互补，为孔子学院的发展注入了强大动力。除了院校合作，孔子学院还积极与当地社区、企业和政府机构展开合作。苏格兰中小学孔子学院与苏格兰国家语言中心和天津市教委合作，推进中文进入苏格兰 22 个大区的中小学课程体系，为学生提供丰富多样的中文学习体验，也搭建了中苏两国小学生交流的桥梁。孔子学院还与所在地区的文化机构开展合作，如曼彻斯特大学孔子学院与曼彻斯特地区的多个文化机构如曼彻斯特美术馆、中央图书馆等建立了长期合作关系。双方共同举办文化展览、讲座等活动，吸引了大量英国民众参与。孔子学院也与所在社区合作举办各类中国文化活动，如英国赫尔大学孔子学院与社区合作建立“回音壁”中文合唱团，开展春节庆祝活动等，增进了社区居民对中国文化的了解和喜爱。在企业合作方面，孔子学院与当地企业合作开展中文培训项目，为企业员工提供定制化的商务汉语和旅游汉语课程，满足企业在国际业务拓展中的语言需求，同时也为学生提供了实习和就业机会，实现了教育与产业的有机结合。

（五）教学资源建设成果丰富

英国孔子学院在教学资源建设方面取得了丰硕成果。通过联合中英双方专家共同开发教材、建立线上资源库等方式，英国孔子学院开发了丰富多样的教学资源，有效提升了中文教学的质量与效率。在教材开发方面，英国孔子学院针对英国学生的学习特点和需求，开发了一系列具有针对性的中文教材。例如英国伦敦大学教育学院孔子学院组织中英专家联合编写了适用于中学生的《进步》系列教材。此外，英国孔子学院还积极利用现代信息技术建立线上资源库，为学生提供视频课程、电子书籍、在线测试等多样化的学习资源。这些资源不仅方便了学生自主学习与复习巩固，还为教师提供了丰富的教学素材与参考依据。如英国开放大学网络孔子学院开发了 Chinese@OU 汉字学习软件，以清晰的学习路径和有趣的练习方式，帮助当地中文学习者识别、记忆和书写常用汉字，获得学校和师生的广泛好评。英国巴拉克明中学孔子课堂借助网络平台，实现了教学资源数字化。上课时，学员可以使用专用 iPad 登录 iPandarin 教学系统进行中文语言训练。学员的学习记录可以形成可视化数据图，教师也可以随时随地登录系统查看学员的学习进度，并及时给予反馈。

四、发展策略

（一）构建品牌项目，提升国际影响力

品牌项目是提升孔子学院知名度和影响力的重要途径。英国孔子学院应深入挖掘自身特色和优势，通过精选项目主题、强化项目宣传等策略的实施结合当地市场需求和文化特点，打造具有国际影响力的品牌项目。

第一，精选项目主题。英国孔子学院应紧密围绕中英文化交流的热点与英国民众的兴趣点来精选项目主题。通过深入调研与需求分析，确保项目内容既具有文化深度又贴近英国实际，从而吸引更多英国民众参与。例如，可以围绕中国当代艺术、科技发展、流行文化等主题开展系列文化活动与讲座，让英国民众在轻松愉悦的氛围中了解中国文化。在文化项目主题选取方面，孔子学院可以进一步拓展和深化现有的文化体验活动。例如，爱丁堡孔子学院可以结合当地著名的爱丁堡艺术节，打造“中英文化交融艺术节”。在艺术节期间，集中展示中国传统音乐、舞蹈、戏剧、美术等文化艺术形式，同时融入当地文化元素，举办文化交流论坛、艺术工作坊等活动，促进中英文化的深度交流与融合。通过精心策划和宣传推广，将该项目打造成具有国际影响力的文化品牌，吸引来自世界各地的观众和参与者，提升孔子学院在国际文化舞台上的知名度。

第二，强化项目宣传。在项目宣传方面，英国孔子学院应充分利用社交媒体、新闻媒体等多种渠道进行广泛传播。通过制作精美的宣传海报、视频短片以及撰写深度报道等方式，提升品牌项目的社会关注度、参与度和影响力。可利用社交媒体、当地媒体、文化活动等渠道，广泛宣传品牌项目的特色和亮点。与国际知名文化机构、教育组织合作，共同举办活动，提升品牌的国际知名度和美誉度。建立品牌项目的评估和反馈机制，根据参与者的反馈和市场需求，不断优化项目内容和形式，保持品牌的竞争力。

（二）发挥桥梁作用，加强中外合作

中英双方在孔子学院建设中的合作具有坚实基础。未来，英国孔子学院应继续发挥自身桥梁作用，深化与中外各方的合作，拓宽资源渠道，为英国孔子学院的可持续发展提供更强有力的支持。

第一，深化政府合作。英国孔子学院应积极推动中英两国政府在政策、资金等方面的支持与合作。通过签署合作协议、建立定期会晤机制等方式，确保孔子学院在英国的发展获得更多政策与资金上的保障。同时，还可以利用政府间合作平台举办高层论坛、文化交流活动等，提升孔子学院在英国政府及社会各界的影响力。

第二，加强院校合作。加强院校合作是英国孔子学院发展的重要基础。中英双方高校应进一步拓展合作领域，除了在中文教学和文化传播方面的合作外，还可以在学术研究、人才联合培养等方面开展深入合作。例如，英国承办院校可以与国内高校开展联合学术研究项目，针对中英文化交流历史、当代中国社会发展、跨文化语言教育等课题进行深入研究。通过合作研究，不仅可以提升双方的学术水平，还可以为孔子学院的教学和文化传播提供理论支持。

第三，拓展校企合作。面对英国就业市场对中文人才的需求日益增长的趋势，英国孔子学院应加强与英国企业的合作与联系。通过共同开发"中文+职业"课程、举办企业交流会、商务考察团等活动，为英国企业提供定制化的中文培训服务。同时，还可以邀请企业高管参与孔子学院的教学活动与文化讲座，增进他们对中文及中国文化的了解与认同，从而推动更多英国企业参与到孔子学院的建设与发展中来。

第四，推动文化机构合作：英国孔子学院应继续加强与英国各类文化机构的合作与交流。通过共同举办文化活动、艺术展览、讲座等形式，丰富孔子学院的文化内涵与活动形式。同时，还可以利用文化机构的资源与平台，邀请知名艺术家、学者等参与孔子学院的教学与文化活动，提升活动的品质与影响力。此外，英国孔子学院还可以与文化机构共同开发文化产品、推出特色项目等，进一步拓宽合作领域与深度。

（三）创新教学模式，提高教学质量

面对英国学生多样化的学习需求与挑战，英国孔子学院应不断创新教学模式与方法，采用更加灵活多样的教学方式来提升中文教学的质量与效果。

第一，引入现代教育技术。英国孔子学院应充分利用多媒体、人工智能等现代教育技术来创新教学方式。通过开发互动式、沉浸式的中文学习平台或应用，提升学习的趣味性与互动性。例如，可以利用虚拟现实技术（VR）或增强现实技术（AR）来模拟真实的中文交流场景，让学生在虚拟环境中进行语言实践；或者利用人工智能技术进行个性化学习推荐与辅导，满足学生的个性化学习需求。

第二，实施分层教学。针对英国学生中文水平的差异性与多样性，英国孔子学院应实施分层教学策略。通过对学生进行水平测试与评估，将学生分为不同的层次或班级，并针对不同层次的学生制定相应的教学计划与课程内容。这样不仅可以确保每位学生都能在适合自己的水平上获得进步与提升，还能有效避免“一刀切”的教学模式带来的弊端。

第三，开展混合式教学。结合线上与线下教学的优势与特点，英国孔子学院可以开展混合式教学。通过线上平台提供预习材料、课后复习资源以及在线测试等；而线下课堂则侧重于语言实践、文化体验以及师生互动等环节。这种混合式教学模式可以为学生提供更加灵活多样的学习方式与选择，同时也能更好地满足不同层次与需求的学生。此外，混合式教学还有助于提升教学效果与效率，减轻教师的负担与压力。

（三）优化教学资源建设，加强师资培养

第一，教学资源的优化是提高教学质量的关键。英国孔子学院应加大对数字化教学资源的开发和投入，利用现代信息技术提升教学效果。同时，孔子学院还应加强在线课程平台的建设和管理，整合优质教学资源，提供多样化的课程选择。建立课程评价和反馈机制，根据学生的学习情况和反馈意见，及时调整和优化课程内容和教学方法，提高在线课程的质量和效果。

第二，师资培养是提升教学质量的核心。英国孔子学院应完善本土教师培养体系，为本土教师提供系统的培训和发展机会。定期组织专业培训课程，涵盖汉语语言知识、教学方法、中国文化等方面的内容，提升本土教师的专业素养和教学能力。例如，举办“《国际中文教育中文水平等级标准》指导下的教学创新”培训课程，邀请国内外专家学者授课，通过理论讲解、案例分析、教学实践等环节，帮助本土教师掌握先进的教学方法和技巧。中方教师提供英国教育体系培训也是必不可少的。通过培训，中方教师可以了解英国的教育制度、教学方法和学生特点，更好地适应英国的教学环境。例如，组织中方教师参加英国教育体系培训课程，参观当地学校，与英国教师进行交流和观摩教学，提高中方教师的跨文化教学能力。

五、结语

英国孔子学院作为中英文化交流与中文教育的重要平台与桥梁，在过去的二十年里取得了显著成就与宝贵经验。面对未来新的挑战与机遇，英国孔子学院应继续发挥重点项目的引领作用、深化中外合作、创新教学模式与方法，不断提升教学质量与国际影响力。同时，还应积极拓展合作领域与深度、加强品牌建设与推广、优化教学资源、加强师资培养等方面的工作，为推进英国中文教育高质量发展做出贡献。

第二节　英国孔子学院发展个案研究——赫尔大学孔子学院

一、孔院概况

赫尔大学孔子学院（Confucius Institute at University of Hull，简称 CIUH）成立于 2016 年 1 月，由赫尔大学与天津师范大学（TJNU）合作建立，旨在面向英格兰赫尔及亨伯地区提供中文教育服务，传播中国文化，范围覆盖东约克郡、北约克郡、林肯郡以及斯卡布罗以北、亨伯以南的沿海地区，满足当地中文学习者需求，促进中英教师和学生之间的交流、学术和研究合作。赫尔大学孔子学院开展了中文教学创新品牌项目“回音壁”，在该项目的支持下，赫尔大学合唱团获全英唱响英伦大学生中文歌曲比赛银奖。孔子学院开展的中文教学不断以赫尔大学为核心，建立若干教学点，成为辐射赫尔地区中小学乃至整个东约克郡地区的中文教学和文化传播中心，为推动中英文化交流和人民友好作出了积极贡献。

作为英国东部重要的滨海港口城市，赫尔凭借丰富的历史文化底蕴获评“2017 年英国文化之城”，展现了对于多语多元文化的包容态度。在语言教育领域，赫尔大学孔子学院设立前，该地区中文教育资源呈现稀缺性特征，开展中文教育的学校屈指可数。赫尔大学孔子学院的成立，有效填补了当地中文教育供给缺口，通过整合教育资源、创新教学模式，为区域中文教育体系构建与中华文化传播提供了重要支撑，成为推动当地中文教育从稀缺化走向体系化发展的关键力量。

赫尔大学孔子学院构建起层次丰富、覆盖广泛的教学点网络，有力推动国际中文教育在当地发展。在合作学校方面，与 13 所当地中小学合作开设中文课程提供中国语言与文化体验服务。赫尔大学孔子学院开设了丰富多样的课程，不仅包括通用汉语课程、英国中等教育证书 GCSE 中文考试课程、HSK 考试课程，还包括满足兴趣拓展的电影俱乐部、中国书画体验课等。孔子学院还通过举办“中国语言文化日”等文化活动，营造沉浸式学习氛围。自 2017 年起，孔子学院与赫尔大学艺术学院合作，在英国高等教育部科研项目的支持下开展了“回音壁”品牌项目，连续多年举办“回音壁”音乐会，深入推动了当地中文教育发展。但也面临孔子学院进行中文教育的外部环境支持不足、提供的中文服务类型单一、师资结构还需要进一步完善等问题。

二、发展现状

赫尔大学孔子学院开展的业务聚焦中文教学和中国文化传播两大方面。在中文教学层面，孔院面向赫尔大学师生、当地中小学、企业、社会大众开设中文课程，开展教师培训；在文化交流层面，通过举办多样化语言文化活动、组织赴华访问和研学项目，全面推动当地中文教育发展。

（一）教学情况

2024 年，赫尔大学孔子学院开设的课程包含三类：中文课程、考试课程、文化课程。其中，中文课程包括小学中文课程、中学中文课程、成人中文课程、一对一中文课程；考试课程包括汉语水平考试（HSK）课程、青少年汉语考试（YCT）课程和商务汉语考试（BCT）课程；文化课程包括语言文化体验课程、中国书画课程等。除此之外，赫尔大学孔子学院也为距离孔院较远的学员开设线上中文课程，为当地民众提供更多学习机会。

表3-4　赫尔大学孔子学院2024年开设课程情况

<table>
<tr><th>课程类型</th><th colspan="5">课程名称</th></tr>
<tr><td>中文课程</td><td>小学中文课程</td><td>中学中文课程</td><td>成人中文课程</td><td>一对一中文课程</td><td>线上中文课程</td></tr>
<tr><td>考试课程</td><td colspan="2">汉语水平考试（HSK）课程</td><td>青少年汉语考试（YCT）课程</td><td colspan="2">商务汉语考试（BCT）课程</td></tr>
<tr><td>文化课程</td><td colspan="2">语言文化体验课程</td><td colspan="3">中国书画课程</td></tr>
</table>

赫尔大学孔子学院开设的中国书画课程广受学生欢迎。该课程以沉浸式艺术实践为核心，通过水墨技法体验与创作活动，有效激发学生对中华文化的认知兴趣，深化其文化理解，形成语言学习与文化感知的良性互动。除面

向赫尔大学师生和当地民众授课外，孔院还将书画体验融入在中小学开展的“中国语言文化日”活动中，构建起覆盖全学段的中国文化传播体系。孔院教师与志愿者深度参与课程开发与教学实践，积极探索书画艺术与中文教学的融合路径。此外，通过与赫尔大学图书馆合作举办师生画展，进一步为当地民众了解中国传统书画艺术搭建了平台，形成“以展促学、以艺弘文”的立体化文化推广模式，有效提升孔院课程的吸引力与中华文化的海外传播效能。

（二）师资情况

在“三教”体系中，教师作为核心要素对教学质量具有决定性作用，师资队伍建设是提升教学效能的关键着力点。2021 年至今，赫尔大学孔子学院师资构成以中方教师及志愿者教师为主，本土师资有所不足。2017 至 2020 年，赫尔大学孔子学院曾聘任过本土行政人员，负责孔子学院的对外宣传工作，包括网站和海报设计，有效扩大了孔子学院的知名度。调研发现，赫尔大学孔子学院在岗中方教师及志愿者对以《国际中文教育中文水平等级标准》为代表的标准体系具备较高认知，能够在教学实践中依据课程特性，不同程度参照标准体系优化教学设计，灵活运用适配教学方法，切实保障教学过程的规范性与科学性。

赫尔大学孔子学院以提升教学质量为核心目标，构建多元化教师发展体系，通过组织参与学术研讨会、开展岗中培训、举办集体教学观摩竞赛、实施常态化院内教研活动等举措，系统提升教师业务能力与职业素养。此外，孔院公派教师和志愿者教师在先进评选和教学竞赛中屡获佳绩，彰显出孔院师资培养的显著成效。例如公派教师于泓珊曾于 2019 年获全球孔子学院先进个人荣誉称号，志愿者教师谌梯在 2023 年第二届欧洲英语区中文教学技能大赛总决赛中获中小学组创意教学奖、现场最佳人气奖。

赫尔大学孔子学院通过多元教师专业发展路径，有效提升师资队伍业务能力与职业素养，教师群体展现出较高专业水准。但伴随当地中文教育规模扩张与课程多元化、学生需求个性化趋势深化，对教师跨文化教学能力、数字化教学技术应用及学科知识纵深发展提出更高要求。未来需持续强化教师专业学习与实践探索，紧密对接国际中文教育前沿动态，构建动态化师资培养机制，以保障教学质量持续优化，满足新时代国际中文教育高质量发展需求。

（三）学生及教学点情况

赫尔大学孔子学院中文课程学习人数稳步增加，2024 年注册学生人数达到 807 人，创 2016 年建院以来学生总人数新高。2016—2024 年，赫尔大学孔子学院长期合作的当地中小学共有 30 多所。2024 年，孔院建立长期教学点的学校有 7 所，长期合作组织语言文化活动的学校有 6 所。表 3—5 为孔院下设的教学点和开设课程情况。其中，霍顿中学（Howden School）最具代表性。赫尔大学孔子学院自 2017 年开始与霍顿中学建立合作，开设中文课程，7 年来培养了数百名热爱中文和中国文化的学习者。霍顿中学的“回音壁”中文合唱团也多次登上“回音壁”音乐会的舞台。霍顿中学的校长曾表示：“中文学习为霍顿中学的学生打开了一扇通往世界的大门，能够助力他们未来的职业发展。”

表3–5　2024年赫尔大学孔子学院部分教学点开设课程情况

	合作学校	开设课程
1	霍顿中学Howden School	长期中文课程、GCSE考试课程、HSK考试课程、“回音壁”项目课程、中国文化课程、中国文化体验活动
2	林荫中学Boulevard Academy	长期中文课程、中国文化课程、中国文化体验活动
3	马克·维多中学Market Weighton School	中文兴趣班、中国文化课程、中国文化体验活动
4	圣玛丽小学St.Mary Primary School	中文兴趣班，中国文化课程、中国文化体验活动
5	克雷文小学Craven Primary School	中文兴趣班，中国文化课程、中国文化体验活动
6	伍德兰小学Woodland Primary School	中文兴趣班，中国文化课程、中国文化体验活动
7	提克顿小学Tickton C of E Primary School	中文兴趣班，中国文化课程、中国文化体验活动、“回音壁”项目课程
8	那弗顿小学Nafferton Primary School	中文兴趣班，中国文化课程、中国文化体验活动、“回音壁”项目课程

（四）文化活动

赫尔大学孔子学院自 2016 年成立以来，与当地政府、教育部门、高校、中小学、社区开展合作，举办了数百次文化活动，构建起多元立体的中华文化传播体系。孔院每月开展约 5 次不同类型的文化活动，包括中国传统节日庆典、艺术展览、中国语言文化日等、论坛讲座、艺术俱乐部等类型。孔院开展的文化活动多为互动体验形式，让当地民众在实践中了解中国文化。这种“多维度、全覆盖”的文化传播模式，有效促进了当地民众对中华文化的认知建构，在一定程度上提升了中文与中华文化在区域内的传播效能与社会影响力，切实推动了文明交流与互鉴。表 3—6 为 2024 年度赫尔大学孔子学院开展的代表性文化活动。

此外，赫尔大学孔子学院还开展了校园文化推广活动、书法体验活动、孔院师生书画展、“挥毫泼墨迎新春”活动、剪窗花新春文化体验活动、“古韵华裳，翰墨飘香”的校园交流会、迎龙年手工比赛、劳斯中学“中国日”文化体验活动、柏顿庄园新春文化活动、“亚洲日”文化活动等文化体验活动。这些特色鲜明、形式丰富的文化体验活动，有效促进了当地民众对中华文化的具象化认知，显著提升了中文和中国文化在区域内的传播广度与社会影响力。

表3–6　赫尔大学孔子学院2024年度代表性文化活动

序号	活动名称	具体内容
1	“赫尔孔院杯”中英乒乓球锦标赛	2023年11月25日，“赫尔孔院杯”中英乒乓球锦标赛在英国赫尔大学阿勒姆体育中心成功举办，汇聚了来自赫尔、伦敦、莱斯特等地的42名乒乓球爱好者。该活动以中国传统体育项目为载体，搭建中英跨文化对话平台，深化当地民众对中华文化价值的认知，促进双向文化交流，提升赫尔孔院区域影响力，成为国际中文教育文化传播的典型范例。
2	春节联欢会暨元宵游园会	2024年2月23日，赫尔大学孔子学院主办了春节晚会暨元宵游园会，为当地民众搭建了了解中国传统节日的平台。晚会包含快板、中国舞、武术、京剧、葫芦丝独奏、古筝独奏等多种中国传统艺术，游园会设有13个展位，包括猜灯谜、画脸谱、穿汉服、写书法、剪窗花、学汉语、筷子夹糖豆、乒乓球颠球等多项趣味活动，近300名赫尔大学师生参与了本次活动。
3	“粽情书画”活动	2024年6月22日，赫尔大学孔子学院举办了“粽情书画”端午节庆祝活动，吸引了百余名当地师生和民众参与。该活动通过中国书画艺术欣赏和体验为当地民众创建了解中国传统节日的机会。

（续表）

序号	活动名称	具体内容
4	中秋主题周语言文化课程体验活动	2023年中秋节前夕，赫尔大学孔子学院在其下属的中小学教学点展开了“中秋节主题周语言文化课程体验”活动，吸引了下设7个教学点的师生参与，以中秋文化为载体，创设沉浸式语言文化体验空间，满足当地了解中国传统节日的需求。

（五）品牌项目——“回音壁”项目

1. 项目概况

“回音壁”（Chinese Whisper）是赫尔大学孔子学院在亨伯地区开展中文教育的典型品牌项目。该项目由赫尔大学孔子学院与赫尔大学音乐系合作创立，建立八年以来，创新探索了音乐艺术与语言相结合的特色学习模式，获得英国高等教育科研基金项目资助，极大地促进了中文教学在当地的发展。在日常教学中，教师们将音乐与文化和语言相结合，循序渐进，寓教于乐，在教会学生们中文歌曲的同时，也传授了中国文化知识。这种富有创意的教学方法激发了学生们对中文和中国的兴趣，受到多方好评。

“回音壁”项目将中文和音乐结合在一起，教师将中文知识编写成歌曲，让学习者在唱歌的过程中学习中文，激发学习兴趣，如《数字歌》《颜色歌》等。教学内容除了教师自编的歌曲，还包括经典中国歌曲和诗词歌曲，如《半个月亮爬上来》《咏鹅》等。“回音壁”项目的学习者包括赫尔大学合唱团、当地中小学合唱团如霍顿中学合唱团和那弗顿小学合唱团以及赫尔市老年合唱团。公派教师和志愿者教师在教学实践中，将已教授的知识巧妙地编写成歌曲，以此作为一种创新复习手段帮助学生巩固所学。相较于传统中文学习方式，这种以歌曲为载体的形式更易于被学生接纳，使学生在轻松愉悦的氛围中实现语言的内化。项目开展 8 年以来，在赫尔大学音乐厅举办了多场“回音壁”音乐会，给予了数百名项目参与者上台展示学习成果的机会。

2.“回音壁”项目的价值与意义

第一，推进国际中文教育理论实践创新。“回音壁”项目不局限于传统的中文教学，而是融汇了语言、音乐、心理、教育等交叉学科的理论与实践，项目参与人包括多个学科的领域与专家。该项目还在英国教育部科研项目的支持下设立了专项博士奖学金，至 2024 年底已经顺利培养了 3 名博士生。其中，L 老师为英国赫尔大学孔子学院前志愿者教师，从项目设立之初参与项目，后期成为项目主要负责人，也已经完成了以“回音壁”项目中的语言与音乐融合教育的博士论文。“回音壁”项目的实施有助于丰富国际中文教育理论，基于理论指导实践，并扎根于实践，从教学实践的数据中生成理论。

第二，培育学生自信，助力个人成长。调研发现，“中文回音壁”项目采用的教学方式不仅是在音乐中进行语言教学，更是对学习者的培育，在歌唱表演中充分培养学习者的自信。这种自信心的塑造，能够助力学习者的个人成长，为未来发展奠定坚实的基础。例如一位家长表示，她的女儿在参加“回音壁”项目之前非常不自信，自从参加项目学习中文后，变得非常自信和快乐。

我觉得在‘回音壁’项目中，教育是一个培育的过程，教师的作用不单单是知识的给予，更多是对学习者的全方面培育，包括情感上的鼓励和滋养。在“回音壁”音乐会中上台表演能够锻炼学习者的自信心，这对中小学生来说简直非常重要，能够来到一个大学的音乐厅，和许多同龄人一起举办一场音乐会，对他们来说是一个非常开拓视野的过程，会给他们留下非常深刻的印象。（L 老师，赫尔大学音乐博士，“回音壁”项目负责教师）

第三，拓展中文及中国文化传播范围。当前，英国高校外语专业纷纷关闭，英国普遍对外语教育重视不足，中文传播面临一定挑战。在此背景下，“中文回音壁”项目创新性地搭建起音乐的桥梁，巧妙地通过音乐的方式将中文学习与中国文化融入当地中小学教育体系，打破语言与文化传播的壁垒，为当地民众开启了一扇认识中国的全新窗口，这种独特的教学模式深受当地民众的认可与欢迎。“回音壁”项目辐射整个东约克郡地区，参与项目的学习者会将他们对中文和中国文化的兴趣和热爱传递给自己的家人和所在社区，影响非常深远。

“回音壁”项目融汇了交叉学科，在教中文的同时，也培育学习者的音乐素养，提高学习者对中国音乐的了解。从音乐的角度切入，能够为英国学生打开一扇不一样的大门，让他们有机会了解中文和中国文化。（L 老师，赫尔大学音乐博士，“回音壁”项目负责教师）

第四，搭建中英文明互鉴的交流平台。在项目支持下，赫尔大学孔子学院定期举办“回音壁”音乐会，这一活动已成为项目的核心内容，也是师生、学校和家长参与项目的主要动机。每年都会有来自社区和各个学校的合唱团通过对经典中文歌曲的精彩演绎，生动展现中文教学的显著成果。在“回音壁”项目的教学实践过程中，教师基于课程所学音乐的主题，积极引导学习者分享英国本土相同主题的歌曲。在此过程中，教师和学习者围绕中英不同音乐作品展开深入探讨，构建起积极活跃的双向互动，讨论的内容从歌词到乐曲再到歌曲背后的文化内核，整个过程能够有力促进中英文化间的交流。

在学习赫尔老年合唱团《故乡的云》一歌时，学员积极反馈英国存在主题相似的歌曲。基于此，我们对中英歌曲展开对比，在此过程中实现了文明的交流与互鉴。（L老师，赫尔大学音乐博士，“回音壁”项目负责教师）

第五，丰富教学资源制作与运用。在“回音壁”项目的教学实践过程中，授课教师基于教学目标与学生需求，对教学资源进行了系统梳理与创新整合。教师将相关歌曲依据主题划分为不同单元，精心制作了配套教材以及丰富的数字资源。线上资源包括音乐曲谱、歌曲教学要点说明和教学视频展示。教师团队在教学实践中不断对资源进行优化完善，力求满足多样化的教学场景需求。其中，教学视频发布于YouTube网站，为学生提供了便捷的自主学习渠道，学生可依据自身学习进度与节奏进行学习，实现了线上自主学习与线下课堂教学的有机结合。这一创新性的教学资源整合与应用模式，不仅为当下学生的汉语及中国文化学习提供了有力支持，也为后续同类型教学项目积累了丰富的优质教学资源，对推动语言文化教学的持续发展具有重要意义。

教材将已有的歌曲整合集中，再根据需要添加新的歌曲。教材的内容包括乐谱、教案、完整教学视频，可以为教师提供参考，也可以为学生提供丰富的自学资源。（L老师，赫尔大学音乐博士，“回音壁”项目负责教师）

作为赫尔大学孔子学院最具影响力的品牌项目，“回音壁”项目收获了来自合作学校、学生家长以及赫尔市广大民众的广泛好评与支持。“回音壁”项目增进了当地民众对中文和中国文化的理解，在跨文化交流中发挥了积极作用。赫尔大学孔子学院以歌为媒，助推中文教育发展。在音乐中突出中国元素，全方位展示中国语言文化的魅力。

三、面临挑战

赫尔大学孔子学院在实践过程中呈现出鲜明的特点，特别是典型品牌项目取得突出成效。赫尔大学孔子学院创新性地建立了“回音壁”项目，以音乐为切口，将中文教学与中国文化传播深度融合，扎根本土中小学教育体系中，深受当地民众欢迎。然而，在其发展进程中，赫尔大学孔子学院同样面临着诸多严峻挑战。

一是孔子学院进行中文教育的外部环境支持不足。赫尔地区位于英格兰东约克郡，当地民众对于中文的经济价值和重要性认识不足。尽管孔子学院积极与各类机构合作开展各类中文教学和文化活动，但当前中文还是作为一种社区语言，尚未进入大多数中小学课程体系。在高等教育阶段，赫尔大学2021年起关闭中文专业，对孔子学院面向大学开设中文课程造成负面影响。这在很大程度上限制了孔院在英国社会中的知名度与认同感。

二是孔子学院提供的中文服务类型单一。赫尔大学孔子学院目前提供的中文服务类型主要包括中文课程、文化课程和文化体验活动三种，中文课程仅包括通用汉语课程、HSK和GCSE考试课程三种类型，文化体验课程局限于中国传统书画、乒乓球体验课程等，中文课程未能在新时代背景下及时针对日益增长的中文学习需求面向不同对象提供有针对性的服务，如还尚未推出商务汉语和旅游汉语类课程。文化体验类活动也较为单一，只聚焦于中国传统文化，未推出介绍当代中国的文化体验活动。

三是孔子学院的师资结构还需要进一步完善。教师是“三教”问题的核心，优秀的师资队伍是建设好孔子学院的关键所在。[①] 然而赫尔大学孔子学院在师资力量配比方面存在一定问题，主要体现在本土师资力量短缺。随着中文学习需求在亨伯地区不断攀升，孔子学院在当地开展的中文教学规模进一步扩大。在这样的背景下，现有的教师数量已难以满足日益增长的教学需求。特别是在霍顿中学、圣玛利小学等长期点开展的中文教学。霍顿中学的中文课程涉及多个年级，多样化的课程设置需要充足的教师资源来保障教学质量，

① 徐丽华．孔子学院的发展现状、问题及趋势［J］．浙江师范大学学报（社会科学版），2008（5）：30.

如能有长期在该校任教的本土中文教师配合公派教师和志愿者教师进行教学，可以进一步扩大中文学习者的规模。

四、发展策略

（一）积极与当地政府合作，推进中文教育全方位体系化建设

孔子学院应积极与地方政府沟通协作，通过建立常态化的沟通机制，深入了解地方教育政策导向，向当地政府教育部门说明中文学习的重要性和中文学习为当地学生个人成长带来的经济价值，争取当地政府在政策支持以及教育资源分配上向中文教育倾斜，为中文教学的推广创造有利的政策环境。在当地政府的支持下，全力推动中文融入当地中小学教育体系，为中文教育在当地的长期稳定发展奠定坚实基础。

（二）拓展宣传渠道，培育合作伙伴，丰富服务类型

孔子学院应综合运用线上线下多种渠道，如社交媒体、教育展会、社区活动等，广泛传播中文教育的价值与意义，展示中国文化的魅力，文明交流互鉴，吸引更多学生、家长以及社会各界关注中文教育。积极与英国教育机构如英国文化教育协会，研究机构如英国汉语教学研究会，企业代表如英国钢铁集团等建立伙伴关系，面向不同机构提供定制课程和服务，如商务汉语和翻译服务，拓展孔子学院的服务类型。

（三）加强本土中文教师队伍建设，中文合作开发本土教学资源

一方面，孔子学院应加强对现有教师的专业培训，包括中文专业知识、教学技能以及现代教育技术应用等方面；另一方面，应积极与合作学校沟通，探讨聘用本土中文教师的可能性。未来，可积极与英国中文教师合作，充分整合双方优势，开发本土中文教学资源。中方提供专业的中文教学内容与文化素材，英方贡献符合当地教育标准与风格的设计思路，共同开发出既具专业性又适应本土需求的教材、课件、在线课程等教学资源。

五、结语

赫尔大学孔子学院作为英格兰亨伯地区的中文教学实践中心，在中文教学、中华文化传播方面已取得显著成果。孔子学院类型多样的课程设置、主题丰富的文化活动，以及“回音壁”品牌项目，不仅为当地民众打开了认识

中国语言文化的窗口，也大力推动了中英两国的文明交流互鉴。然而，赫尔孔院在发展过程中面临的外部环境支持不足、提供服务类型单一、本土师资力量短缺等问题，制约着孔子学院的可持续发展。未来，赫尔大学孔子学院应积极与当地政府合作，推进中文教育全方位体系化建设；拓展宣传渠道，培育合作伙伴，丰富服务类型；加强本土中文教师队伍建设，中文合作开发本土教学资源。通过改革与创新，更加深入地融入当地教育体系和社区生活，提升影响力，为中英文明交流互鉴搭建更坚实的桥梁。

第四章　英国中文教育创新教学方法

当全球中文热持续升温，英国中文教育进入“高质量发展”的关键阶段。在英国中小学中文学习者数量持续增加的背景下，如何突破传统教学模式的桎梏，以更契合英国学生认知特点与学习需求的方式教授中文，成为英国基础教育阶段中文教育可持续发展的关键问题。教学方法创新不仅决定中文融入英国国民教育体系的程度，更影响着语言文化传播的效度与温度。

随着中文在英国国民教育体系中的地位日益提升，传统教学方法难以满足新时代学习者的需求。英国中文学习者成长于多元文化交织、注重批判性思维培养的教育环境，他们对中文学习的期待，不仅是掌握语言工具，更渴望通过中文理解中国文化的深层内涵，实现跨文化交流的无障碍沟通。这就要求中文教学必须打破固有框架，探索符合英国教育理念与学生认知规律的创新路径。无论是教学方法的微观调整，还是教学理论的宏观构建，都需要紧密结合英国本土教育生态，在传承经典教学经验的基础上，注入新的活力与智慧。

在创新驱动的时代背景下，质性研究、前沿教学理论与实践案例成为推动英国中文教育发展的三驾马车。基于教师访谈的质性研究，能够深入挖掘一线教学中的创新实践与现实困境，从实践者的视角为教学改革提供经验借鉴；“表达驱动”等教学理论的引入与本土化探索，为中文教学提供了全新的理论框架与指导方向；而《国际中文教学通用课程大纲》在英国国际合作项目中的应用实践，则通过具体案例展现创新教学理念落地生根的全过程。本章节将从三个维度展开深入探讨。第一节通过对英国中文教师的深度访谈，运用质性研究方法，系统梳理当前英国中文教育中的创新教学方法，剖析其背后的设计逻辑与实践成效；第二节聚焦“表达驱动”这一国际中文教育前沿理论，探讨理论如何转化为切实可行的教学策略；第三节以《国际中文教学通用课程大纲》在英国国际合作项目中的应用为案例，分析创新教学理念在实践层面的价值体现与挑战应对。通过理论与实践的结合、宏观与微观的视角转换，力求全面展现英国中文教育在教学创新领域的探索与突破，为国际中文教育的发展提供有益的经验参考。

第一节　英国中文教育创新教学方法
——基于教师访谈的质性研究

本研究从英国中小学中文教育真实问题出发，运用质性研究的方法对英格兰、威尔士、苏格兰、北爱尔兰四个地区 7 名优秀的中小学中文教师进行深度访谈，深入调研英国外语教学理念、教师对《国际中文教育中文水平等级标准》的了解程度、中文教学目的、教学方法、教学内容、中外合作教学方式等，提炼出英国中小学中文教学的核心本土概念。然后，将前期调研的英国外语教育政策及中小学中文教学本土概念与国际中文教育“表达驱动”教学理论相结合，中英教师协作在《国际中文教育中文水平等级标准》系列文件指导下进行适用于英国中小学生的中文教学设计创新，合作开发教学资源。随后，研究团队在中英两国分别进行教学创新实践[①]，中国教学实践对象为参加英国“中文培优”项目暑期来华夏令营的 26 名学生。英国教学对象为英格兰地区赫尔大学孔子学院下设的 2 所小学和 2 所中学。最后，中外教师协作对教学效果进行评估，收集学习者反馈，验证了教学创新实践的有效性并完成报告撰写。

一、目的意义

中英两国于 1972 年建立大使级外交关系，半个世纪以来在经贸、科技、教育、文化等领域展开了深入合作。随着中文的价值不断提升，英国中文教育迅速发展，整体上呈低龄化趋势，目前正处于纳入融入国民教育体系的初

① 教学实践内容详见本章第三节。

级阶段。本研究探索英国中小学中文教学创新方法，对助力中文教育融入本土、扎根本土、服务本土有重要的应用价值。

第一，聚焦英国中小学中文教学中存在的真实问题，为《等级标准》系列文件指导下的教学实践创新提供翔实案例支撑，为全球其他国家地区同类教学实践提供借鉴；

第二，为国际中文教学提质增效贡献力量，将国际中文教育“表达驱动”教学理论应用在英国中小学课堂中，为其发展注入新的活力；

第三，不仅有助于提高学生的中文水平，更能有效提高中英教师及中英青少年之间的交流和理解，同时促进英国本土教师对于《等级标准》的理解及中文教学能力提升。

二、研究设计

（一）调研对象情况

调研对象为富有丰富经验的一线英国的中小学中文教师，就英国中小学中文教育的现状、问题、英国外语教学理念、中文教学目的、教学方法、教学内容、中外合作教学方式等方面内容提供了详细的一手资料。关于英国中小学优秀中文教师的选取。依据目的性抽样原则，采取了典型个案抽样、滚雪球式抽样及目的性随机抽样策略，邀请了 7 位教师就英国中文教学真实情况进行深度访谈，教师基本情况如表 4—1 所示。

另外，质性研究特别强调通过研究者本人与研究对象之间的互动而获得研究对象的理解，在这种研究过程中，研究者本人是一个“研究工具”。[①] 研究者从事国际中文教学一线工作 16 年，在英国任教 3 年，对英国中文教育有持续深入的研究和亲历经验，访谈时很容易与受访者共鸣。在进行本研究时，研究者本人对自己的“主观性”进行了反省，从而确保本研究报告比较“客观”地描述现实情况。

① 陈向明．《质的研究方法与社会科学研究》[M]．北京：教育科学出版社，2000.

表4–1　研究参与者的基本情况汇总

参与者	地区	在英教龄（年）	学历/专业	具有英国教师资格	任教学校	职位	获奖
教师A	英格兰	7	硕士/教育学	是	英格兰S中学（MEP学校）	本土教师/中文课程负责人（曾是公派教师）	英国优秀中文教师荣誉称号
教师B	英格兰	3	硕士/英语	是	英格兰H中学（MEP学校）	本土教师/中文系主任永久教职（曾是公派教师）	国内市级优质课
教师C	英格兰	2	硕士	否	英格兰C中学（MEP学校）	公派教师	2023年全球数字化金牌教师
教师D	英格兰	5	博士/音乐教育	否	英格兰H中学、Z小学（孔院教学点）	志愿者教师/博士实习/中文课程负责人	“唱歌学中文”优秀教师荣誉称号
教师E	威尔士	2	硕士/汉语国际教育	否	威尔士Y中学（孔子课堂）	公派教师/中文课程负责人	第三届欧洲英语区中文教学技能大赛威尔士地区中小学组冠军
教师F	苏格兰	4	硕士/英语	否	苏格兰S中学（孔子课堂）	公派教师/中文课程负责人	优秀公派教师荣誉称号
教师G	北爱尔兰	1	硕士/语言学	否	北爱尔兰I、H、S三所中学（孔子课堂）	公派教师/中文课程负责人	无

（二）研究方法与流程

1. 数据收集与整理

本文在数据收集环节采用了访谈的方法，收集了7位教师对英国中小学中文教学的深度评价，基于扎根理论对访谈数据进行分析。数据收集与分析的顺序为：（1）准备阶段：筛选及培训参与者；（2）基本信息访谈：用于了解参与者的任教经历；（3）深度访谈：研究者了解参与者对英国中小学中文教学现状、存在的问题、英国外语教育理念、教学内容、教学方法、教学活动等内容的观点；（4）补充性访谈，研究者就参与者的具体观点进行进一步追问和讨论。数据收集使用腾讯会议在线完成，时长共计 9 小时 46 分钟，转写合计 20 万 8 千余字；（5）采用 Nvivo 14 软件对数据进行编码，对原始访谈资料进行概念化和类属化，对本土概念进行比较后合并。最终共获得编码 415 条，形成了 20 个初始范畴，合并为 6 个主范畴，构成英国中小学中文教学核心本土概念的主要内容。

2. 教学设计

研究团队中英教师合作进行教学设计，教学设计参考了四个方面的内容：一为英国四个地区的外语教育政策；二为访谈提炼出的英国中小学中文教学核心本土概念；三为《等级标准》系列文件，包括《国际中文教学通用课程大纲》（中小学版）及《国际中文教育用文化与国情参考框架》等；四为国际中文教育"表达驱动"教学理论。

3. 教学实践

项目成员分别在中英两国面向不同学习者进行了教学实践，中国教学实践对象为英国"中文培优"项目暑期来华团，共 10 天 40 课时，录制课堂教学视频 4 课时。英国教学实践对象为赫尔大学孔子学院下设中学和小学教学点学生，共 8 天 16 课时，录制课堂教学视频 1 课时。

三、学情及问题分析

（一）教学对象分析

本项目教学对象为英国中小学生。英国是移民国家，中小学中的学生组成呈多元化特点，学生通常来自不同的国家和民族，拥有不同的文化背景。由于政府支持力度不同，中文在英格兰、威尔士、苏格兰和北爱尔兰中小学中的地位也有所不同。总体来说，中文在英国中小学属于第二或第三外语。部分学生是由于兴趣选择学习中文，部分学生是根据学校课程安排学习中文。本项目教学对象为学习过 1 年中文左右的学习者，HSK2 级左右，每周有 2—4 课时中文课。下面以 R 中学和 H 中学为例做具体说明：

R 中学：英国伦敦大学学院教育学院孔子学院（IOE CI）下设教学点，自

2021年起加入“中文培优”项目参与学校，学校自主聘用本土中文教师，学生每周有8小时中文课（包括4小时课外学习）。2024年7月有26名学生来到天津师范大学参加“中文培优”项目来华夏令营，他们的学习需求为提高中文表达能力，在沉浸式的环境中了解当代中国和中国文化，能够用所学到的语言进行日常交际。学生的中文水平、认知特点、学习需求和学习习惯存在个性化差异，对中国的认识和理解程度不同。

H中学：英国赫尔大学孔子学院下设教学点，自2018年开设中文课程，学校没有本土中文教师，有孔院公派教师及志愿者教师，学生每周有在校2—3课时中文课。学生的学习需求为提高中文表达能力，课程目标为提高学习者中文学习兴趣和语言交际能力，增加对当代中国的了解。

（二）真实问题分析

通过调研发现，英国中小学中文教学存在以下真实问题：1. 中文自身形音义结合的独特性对英国学生来说有一定难度；2. 缺少真言真语的语言环境，缺少真实的交际场景，学生走出课堂后很少有机会接触到中文；3. 公派教师和志愿者教师赴任初期不了解中小学学习者特点，教学和课堂管理方法本土化程度不够，身份角色转换不到位；4. 本土教师普遍对《国际中文教育中文水平等级标准》系列文件了解不足，不了解在《标准》指导下进行教学的意义；5. 部分学校以考试为主要教学目标，课堂互动创新性不足，学生交际需求无法满足。

四、研究发现

通过对访谈内容进行编码和归纳整理，提炼出英国中小学中文教学的核心本土概念，包括对教学的理解、对教师角色的理解、教学内容特点、分层教学和教学资源特点等。本研究邀请的7名参与者中有6名是曾经获得各种教学类奖项的优秀教师，其中2名参与者不仅有公派教师经历，也通过了英国本土教师资格认证，成为本土中文教师，提出的核心本土概念具有参考价值。本研究的教学创新实践将在这些概念指导下进行。

（一）教学是培育的过程，注重学习者体验感、成就感、满足感的获得

参与者普遍认为，英国中小学教学以学习者为中心，教学不仅仅是知识的传授，更多是培育青少年成长的过程。在中文课堂中，教师不应以教授内容的多少为主要考虑因素，而应在教学的全过程为学习者创造获得体验感、

成就感和满足感的机会，从而实现育人的目的。

英国的教学以体验为主，学生个人的体验非常重要。学的东西实用性强不强，最后能不能将所学到的知识应用到日常生活中是很重要的。教师一定要让学生有得到成就感和体验感。（教师 A）

在威尔士，由于学生没有考试和学业的压力，学中文就是兴趣。这时候，老师能留住学生继续把课上下去是最重要的。这就要让学生能在短时间内有成就感，并不是真的要掌握多少汉字、发音和语法，所以有的时候我们并不是在学语言，而是在让学生了解当代中国的扫码支付、无人超市等内容。这跟我来之前想象的我要上好课、让学生有好成绩的教学模式不一样。我在这里基本上就是吸引他们，让他们开心有成就感。（教师 E）

以前我觉得教学就是传递知识，但是现在我觉得教育就是一个培育人成长的过程，知识的传授只是其中的一小部分，还有情感上的教育，比如说情商、批判性思维的培养和整个知识体系的培养。有一个让我感动的词是“自我绽放”，就是教师要找到学生擅长的东西，然后鼓励学生，让他绽放。（教师 D）

（二）教师的角色是协助者、引导者和服务者，需要赢得学生的尊重

与国内传统的教师角色不同，英国中小学教师是学生的协助者、服务者以及学习发生的引导者。教师的任务只是给学生知识，而是引导学生学习的方向。教师无法像国内的中小学教师一样天然获得学生的尊重，而是需要靠专业知识和课堂管理能力、精心的教学设计、投入的个人魅力来赢得学生的尊重。

中国教师的权威是与生俱来的，我作为老师就自然而然获得了学生与家长的尊重，这与咱们尊师重教的传统观念有关。在英国，老师的权威是通过自己努力挣得的，青少年不会因为你是成年人就尊重你，他们会时时刻刻挑战你的权威。教师要通过专业知识、课堂管理能力或者在班级中的整体形象来赢得尊重。（教师 B）

在威尔士地区的教学首先就是不能很死板，不能全部是老师输出学生输入，这样可能一两节课之后，他们就会不尊重老师，甚至就不来了。老师需要通过个人的态度或者充分准备有趣的内容和活动让学生喜欢你。他们喜欢

了之后才会去听课，听完之后他才会尊重，他们才会继续学习。（教师 E）

在英国，教师有协助者的角色，因为上课的时间和灌输的效果都很有限，所以会给学生一些学习方法或者学习资源学习平台，帮助他作为独立学习者。他如果掌握了学习能力，在课外也能学习。（教师 B）

我觉得教师在这里就是一个服务者，为学生提供学习技能和学习方法。学生是主角，每天要接收各种各样的信息和知识。所有的老师都是在为学生和家长服务。（教师 E）

（三）教学内容主题化，不使用固定教材

英国中小学中文教学与其他学科教学一致，采取主题式教学的方式，没有固定教材，这与英国的社会文化特点密切相关。（1）英国是一个多元化的国家，民众来自世界各地，拥有不同的文化背景和教育需求。统一的教材难以满足这种多样性，因此，英国教育倾向于通过灵活的教学方式和内容来满足不同学生的需求。（2）英国学校对有特殊教育需求的学生（如学习障碍、身体残疾等）持开放态度，允许他们进入普通公立学校学习，这进一步要求教学内容和方式需要更加灵活和个性化。（3）这也是教育工作者选择的结果。英国的教育工作者认为，学校与学校、班级与班级之间都存在差异，统一编写的教材不一定适用于每一个班级或学生。因此，他们更倾向于根据学生的学习情况和兴趣来选择和设计教学内容。（4）国家课程标准的要求。尽管没有统一的教材，但英国中小学需要遵循统一的国家教育大纲。学校以大纲为依据，自行选择教学主题和内容，只要能够覆盖大纲的要求即可。（5）采取主题式教学的方式。英国中小学中文教学通常以主题为纲编排一学期的课程大纲，每周教学围绕一个主题进行，如“美食与购物”“运动与健康”等，教师可以根据社会热点、学生兴趣等因素自由选择教学内容。这使得教学内容更加丰富多彩，能够激发学生的学习兴趣和积极性。

英国没有固定教材，教学以主题为主，比如家庭、度假、学校、职业等，也没有固定的考试内容和题型。所以我们的教学设计也是以大主题为主，然后再拓展内容。词汇和语法点只是作为一个辅助，让学生去理解整个主题，最后产出说或者写。学习的目的最后还是回到我要会能表达，我要会写出文章，我能看懂新闻。（教师 A）

我来到英国以后，发现这里没有固定的教材，学生没有，老师也没有。老师会有几套书用来备课，刚开始我会有疑问，学生没有书的话，他们回去怎么复习？后来经过一些观察，我发现可能没有固定教材的这种教学模式也能达到很好的学习效果。对于老师来说，思维不是固化的，因为每套教材都有不同的风格，老师可以看不同的教学资料，然后提取适合自己学生水平的教学内容。（教师 B）

不使用固定教材的积极影响：提高了教学的灵活性和个性化程度，能够更好地满足不同学生的需求；鼓励学生自主学习和探究，培养了学生的学习能力和创新能力；丰富了教学内容，使教学更加生动有趣。不使用固定教材的消极影响：教师的备课量增加，需要投入更多的精力和时间来设计和准备教学内容；缺乏标准化的量化学习指标，不同学校学生中文水平差距大。

（四）注重分层教学，满足不同学习者的个性需求

参与者普遍表示，英国中小学非常注重分层教学，以满足学习者的个性化需求。课堂教学中的分层包括教学目标分层、教学任务 / 活动分层、学习结果分层、作业分层等方面。英国的分层教学不仅停留在课堂教学层面，还有学校整体系统作为依托，支持教师进行分层教学。

我会按照学生的认知和理解力对他们进行分层教学，因为每个孩子的家庭背景、认知和中文水平都不一样。我也会对不同年龄的学生采用不同的教学方法，小学三年级的学生会更多让他们跟读，然后用歌曲进行教学，这个年龄的孩子很喜欢唱歌。小学四年级的孩子会选用一些锻炼逻辑思维能力的教学内容。五六年级的学生会选择竞技类的分组对抗游戏。（教师 G）

分层教学包括很多方面，首先是目标分层，一个班级里面的学生需求可能是不一样的，有的学生能在一节课内认出十个新单词就已经非常厉害，有的学生是认完之后能够不用看拼音就可以说或者写。其次是根据学生的学习程度进行教学任务分层，有的学生只要写生词，而有的要用一个单句，有的要用复句来表达同样一个主题。最后让学生产出的结果可能也是要有分层的。（教师 A）

英国的教育制度对学生的个性需求很重视，在学校范围内有整个学校体系作为支撑，不是老师一个人在努力。例如特殊教育需求的学生会有专门的

助教老师，助教老师会根据对学生的诊断，提出相应的教学建议。比如学习任务不要一次给太多，由于他听不懂太长的指令，最好把指令放在PPT上或者给他打印出来等等。正是由于这种教育政策，学校体系的托举，让我作为一个体老师来对待特殊学生的时候更有信心、更有能力，可以更好地去支持他们。（教师B）

（五）明确教学目标，搭建有针对性的支架，开展形式多样的教学活动

课堂管理是初到英国任教的公派教师和志愿者教师面临的最大挑战。经验丰富的教师会通过明确课堂纪律、设定教学目标、开展有趣的教学活动保证课堂秩序，提高教学效率。就中学课堂来说，（1）教师应在第一节课明确中文课堂的规矩和纪律，并设置相应的奖惩措施；（2）教师应设立明确的教学目标，用清晰的描述语让学生了解通过本节课的学习，能达到什么能力，可参考《欧洲共同语言参考框架》的“能做”标准；（3）教师可在教学的初始阶段选用写的任务让学生安静下来，迅速进入学习状态，在教学过程中组织拍苍蝇、Bingo游戏、角色扮演等游戏化的教学活动提高学生兴趣，组织制作思维导图、绘制海报、采访等小组活动锻炼团队协作能力，布置任务时应明确组内每名成员的任务；（4）教师可为学生搭建有针对性的“支架”，以帮助学生将所学内容固化下来，这一点和英国没有固定教材及实施差异化教学关系紧密。例如教师在布置课堂任务时，针对“读”的能力更强的学生，不能只用说的方式，也不能仅仅展示在PPT上，而是要打印下来发到学生手里，从而确保课堂秩序，提高教学效率。

英国的课堂非常讲究规矩，从开始就要给他设置非常明确的规矩，我的课堂的期待是什么？目标是什么？我在面对七年级刚进来的新生教学时，第一节课什么都不教，就先给他讲规矩，接下来每次上课我要干什么，我要先给他讲得很清楚，所以他非常清楚老师的期待和底线是什么，那在你的课堂上就不敢扰乱课堂秩序。（教师A）

这里的其他科目，例如西班牙语，每节课都会有“能做描述”，每节课都会有两三个学习目标。我在和本土中文教师配合时，他们会告诉我这节课要做什么，教学目标是什么，我也会明确地告诉学生。（教师C）

英国的课堂教学经常使用支架（scarfolding），就是他手上有一张打印好

的学习单或者任务单可以拿着。我带培优项目学生在成都参加夏令营时，当地老师的课件内容特别优秀，但是经常只在黑板上写几个字，然后让学生下去做活动。但是其实英国的学生需要我们将任务明确写在纸上发给他们，拿在手中或者贴在本上，这样才能保证课堂正常流畅地进行。（教师 A）

我常用的活动，我觉得有一个共同的特点，一定要有竞争性。可能以不同的形式呈现出来，比如说学生和老师之间的竞争也可能是小组 a 和小组 B 之间的竞争。或者是两人之间的竞争。当他们有了这种竞争性，他们就想赢的时候，就会更投入地去学习。（教师 B）

（六）学校开设中文课程本身就是注重多元文化的一种体现

英国中小学学生大多来自不同文化背景，学校非常强调多元包容性，会定期开展多元文化节或者庆祝不同文化的节日。许多参与者表示，开设中文课程已经成为学校扩大影响力的重要因素，吸引许多家长选择学校。部分参与者表示学校选择开设中文课程的原因是重视文化多样性，希望可以通过开设中文为学生打开了解世界的一扇窗，也为学生未来职业发展增加人力资本。

学校对汉语组非常重视，每次无论学校组织什么样的活动都必须给中文留一席之地，然后拍很多照片宣传展示，我觉得这就是多元文化的体现。学校对我们组织的各项文化活动都是持一个比较开放包容的态度。（教师 F）

五、小结

本研究通过文献研究和深度访谈，提炼出英国中小学中文教学创新教学法。下一节将深入探讨国际中文教育“表达驱动”理论与实践进行，第三节描述教学团队基于前两节的研究内容开展的教学实践创新，从而解决英国中小学中文教学中存在的真实问题，构建了一个复制、可应用、可传播的模式，推进英国中文教育高质量发展。

第二节 国际中文教育“表达驱动”教学理论与实践[①]

钟英华（2022）首提的国际中文教育“表达驱动”教学理论，旨在遵循语言产生和发展的基本规律，在国际中文教育中体现辩证思维，促进世界二语教学认知派与社会派对立观点于国际中文教学中走向有机统一，体现“从实践到认识再到实践”的科学认识论，契合中文教学需求。基于“表达驱动”教学理论框架下的国际中文教育教学实践，以表达为牵引驱动体系化课程构建，强调语言习得的直接性原则，探索“引入主题—表达驱动—选择输入—互动体验—目标输出—反思评价”的教学过程，建设与之相匹配的“真言真语”教学资源，有效激发学习者的表达意愿，促进语言文化内容的深度融合，通过互动体验和戏剧形式教学等，凸显学习者由“说”和“写”拉动“听”和“读”的内在驱动效应，以有内容的言语表达提升教学效率。

一、引言

“表达驱动”教学理论，立足于对立统一的辩证思维视角去探索中文二语教学和习得的有效性问题。传统的中文二语教学以及中文二语教学为载体的文化教学，经常出现语言与内容相分离的情况，单摆浮搁、互相脱节。国际中文教育的主体是中文二语教学，探索符合语言教学规律的二语教学和文化教学的内容装载问题十分必要。

国际中文教育“表达驱动”教学理论，是建立在深入思考语言习得的一般规律和言语技能系统内在机理的基础上，提出的中文二语教学理论。该理论站在中华文化辩证思维的立场上，客观审视世界二语教学认知派与社会派的科学观点，摒弃简单的二元对立之争，积极寻求辩证统一；以人类认识语言、运用语言的一般规律为客观依据，探究促进国际中文教学的一般规律性认识和教学增效问题。

---

① 本节参考并引用自：钟英华，于泓珊，杨薇．国际中文教育“表达驱动”教学理论与实践［J］．世界汉语教学，2023，37（03）：388-398.

本节旨在探讨“表达驱动”教学理论如何在实现话语和文字表达过程中促进学习者对中国语言文化的理解，提升文化内容的言语表达能力，解决混合式教学中互动偏差导致学习效率不高的问题，为进一步探索可推广、可借鉴、可应用的文化课程教学创新提供一种选择。本节尝试“表达驱动”教学理论指导下的“中华传统文化精粹”课程以及配套教学资源的建设问题。

二、国际中文教育“表达驱动”教学理论的产生背景

（一）外语教学流派观点的二元对立揭示了语言习得的客观规律

外语教学流派是从西方的英语、法语和意大利语等发展而来，经历了数百年的发展历程。纵观二语教学流派更迭，每一个新教学流派的出现，都是以解决上一流派中的突出问题为驱使。早在 18 世纪末、19 世纪初，学习外语的主要目的是阅读和翻译，形成了注重语言结构和翻译的教学。这种教学重视语法规则，排斥不规范，忽视口语，形成了不注重语言交际功能的语法翻译法。语法翻译法忽视了语言习得中最基本的规律“言为心声”。事实上，语言的转换是以思维意念为基础的，同一思想内容很难通过单纯的语言对译转换。层出不穷的外语教学流派更迭相继，经历了直接法、听说法、情景法、交际法、认知法、全身反应法、全语言教学法、功能法、结构法、功能结构法、功能结构文化法、任务型教学法、沉浸式教学法、语言与内容融合式教学法等，所形成的观点分野无外乎归结为语言的形式逻辑与语言的实践逻辑两方面，二者形成根本的对立，绝对否定对立的另一方，将语言的一般规律置之度外，是一种片面的认识。

回顾外语教学流派的演变过程，外语教学的本质性规律探求始终未曾停止。19 世纪末，北美西欧外语教学兴旺一时的直接法，至今仍然为当代外语教学提供了足以借鉴的本质认识。十九世纪下半叶，法国拉丁语教师古因（Francois Gouin）通过观察儿童习得语言，借鉴早期语言学习自然法理念，推出了直接教学法[①]，得到在美任教的著名语言学家赵元任所推崇运用。外语教育家贝利兹（Maximilian Berlitz）在美国大范围对直接法进行了普及。直接法重视直接运用外语，否定了语法翻译法“言为形声”的特点，因此切中语

① Jack C. Richards & Theodore S. Rodgers (2022) Approaches and Methods in Language Teaching. 3rd edn. Cambridge: Cambridge University Press.

言获取之要害，被广泛接受。1943 年，赵元任在美国担任中文语言讲师期间实践了直接法，可以归纳成两句口号："目见不如耳闻，耳闻不如口读"，强调看不如亲耳听，听不如亲口说[①]。我国对外汉语教学自东欧中国语文专修班至今，历经了 70 多年的历史。在此期间，有关教学探索始终离不开跟踪分析英语二语习得。不过，中文的二语教学实践，在借鉴英语二语教学规律性认识的基础上，始终站在中华文化固有的辩证思维立场上，客观地审视、分析、比较各流派之特征，结合对中文二语教学自身规律性的认识，形成了符合自身特点的教学理念与方法，由此出现了"功能—结构法""功能—结构—文化法"。这种摒弃二元对立，以科学规律为依托的辩证思维，如同体现在中国传统医学中的"辨证施治"，在二元对立中寻求兼收并蓄，是比较科学全面的二语教学观。

国际中文教育发展不乏教学理论的探索过程，在深刻认识世界外语教学各流派典型特征异同的基础上，不断产生适合中文二语教学的新路径、新方法。辩证思维、守正创新，是我们探索适合中文二语教学科学方法的基本出发点。新的符合基本规律、行之有效的教学理论始终遵循辩证思维、辩证逻辑。

（二）二语习得认知派与社会派的纷争对立弱化了彼此的相关性和统一性

二十多年来，二语习得认知派与社会派构成两大对立阵营。文秋芳[②]将两派阵营分歧归纳成语言观、学习观、研究对象、研究方法、哲学倾向等五个方面的对立。认知派的语言观认为语言是心理现象，由抽象规则组成，存在于个人大脑之中；社会派认为语言是社会现象，与文化融为一体，无法分割，存在于人们交往活动中。认知派与社会派鲜明对立，在对立中往往过分强调一方的优势，而对另一方进行根本否定，弱化了二者现实存在的有机性、一致性和统一性，忽视了各自客观存在且不可替代性价值。绝对的对立凸显了各自片面的主张，而恰恰对立中所体现的一致性，是综合全面审视二语习得本质规律的关键：既重视二语习得认知过程中的内在机理，又重视二语习得的社会实践属性。"表达驱动"教学理论恰恰是使对立走向辩证统一的恰当载体，也可以说是国际中文教育兼收并蓄的智慧选择。这样的选择源自中华

---

① 周质平．美国中文教学史上的赵元任（下）[J]．国际汉语教学研究，2015，（02）：83-92.

② 文秋芳．评析二语习得认知派与社会派 20 年的论战 [J]．中国外语，2008，（03）：13-20.

文化思维的逻辑使然。

二语教学需要遵循一般规律，中文二语习得体现二元对立的有机统一，使得国际中文教学理论更加科学，完整全面，不失偏颇。这方面，只有站在辩证统一立场上才能实现，充分彰显了中华文化汲取对立流派有益价值的宽广视野。

（三）语言学习应遵循“从实践到认识再到实践”的科学认识论

二语习得应遵循人类对世界的一般认识规律，认识论决定人类的语言习得，决定了如何把握和认识语言。语言学习也应该遵循“从实践到认识再到实践”的科学认识法则，从实践中去认识，抽象了以后再回到实践中去验证。由实践到思维，由思维到意识，由实践到习惯，再由习惯到抽象，形成可理解、可调用、可脱而出口的言语。

“表达驱动”教学理论得到普遍应用支撑的任务式教学法、内容与语言融合式教学法（CLIL）以及沉浸式教学法在国际中文教学领域的广泛验证。这些教学法不知不觉地回归到 19 世纪直接法的基本构架，回归到认知和掌握语言的根本规律，让语言教学回归到真实的语言表达场景中，回归到语言表达的反向驱动上，回归到语言之所以产生和发展所遵循的由意念到意念、思想到思想、内容到内容的语言表达根本属性上，回归到真实的目的性输出、可理解互动与有针对性、可理解输入的关联统一体，回归到教学的系统性、整体性设计上来。

国际中文教育“表达驱动”教学理论首先认同语言的“输入—互动—输出”假说，认为语言的形成机理存在内在因果关系，突出了由“听”到“说”、由“读”到“写”的显著相关路径。同时，强调语言的社会实践属性，重视语言学习过程中学与用的密不可分、不可割裂、学用一体。二语教学从“果”出发，反溯“因”的对应，以目的性表达驱动，规划针对性输入，进而解决语言习得的内部有针对性产出问题。“表达驱动”教学理论从“说有内容、真正想说的话，写有内容、真正想写的文字”出发，探究“从言语到语言再到言语”的国际中文教学范式。钟英华（2022）等提出以“表达驱动”理念促进丰富国际中文教学资源建设的基本观点，倡导学生在丰富的言语素材中，通过具有表达愿望的言语实践，充当“话中人”“文中人”和“剧中人”的真实角色。

三、国际中文教育“表达驱动”教学理论的基本原则

“表达驱动”教学理论在辩证统一思想框架下，比较好地处理了语言结构和功能之间的关系，合理地处置了言语和语言谁先谁后，谁第一性，谁第二性的问题，使认知派和社会派由片面分歧走近融合统一，集各家所长，创造了形式内容、抽象结构和实践运用上的协调统一。“表达驱动”教学理论一方面认可了认知语言学的“可理解输入”“良性互动”与“有效输出”的习得规律，另一方面突出了社会实践和语言运用中的“言为心声”，既突出了言语作为语言最根本的前提，也不抛弃形式上的语言所具有的抽象指导作用，把形式上的语言摆在适当的位置上，归入属于第二性的原本位置，体现了习得过程中所固有的先后主次地位。

（一）以话语表达和文字表达为牵引来驱动教学的整体设计

国际中文教育“表达驱动”教学理论最重要的观点，就是要聚焦学习者的表达意图，以表达的准确有效性来评判学习的有效性。“表达驱动”教学理论，鼓励更好地激发带有真实思想意图的表达动力，体系化构建教学阶梯以提高学习效率[①]。“表达驱动”教学理念下的设计需要有所突破，以表达为牵引决定教学的整体设计。“表达驱动”教学理论指导下的教学，从系统角度着手建构教学体系，所建构的是为表达而教，为表达而学，为表达而评价。教学的第一宗旨是聚焦学生的表达提升这个核心要义去思考设计，突出以“说”带动“听”，以“写”带动“读”的直接牵引。想说什么，就去设计听什么；想写什么，就去设计读什么。教学内容不是漫无边际的，也不仅仅是强调循序渐进，而是有针对性、有目标、有计划地规划有针对性地输入、驱动学习者的表达实践、再到学习者的有效输出全过程。教学自始至终是有组织、有系统、有安排的，而不是完全从词汇、语法等知识体系出发去规划教，更不是无目的选择教的过程。“表达驱动”教学理论，尊重语言产生发展的一般规律，即作为重要的交际工具表达人类的意念思想，聚焦提高学生的实际表达能力，以学习者的表达需求为目标，全程驱动和激发学习者的自主表达意愿。

① 钟英华、励智、丁兰舒（2022）“表达驱动”教学理念与国际中文教学资源建设，《天津师范大学学报（社会科学版）》第6期。

（二）尊重言语技能系统的自有规律性属性

国际中文教育“表达驱动”教学理论尊重“听说”技能系统和“读写”技能系统的绝对不均衡性与相对均衡性。允许依据表达需要的“听说”系统和“读写”系统相对独立建构发展。中国少数民族中有许多语言属于单系统建构发展，例如青海省的土族语言属于阿尔泰语系的蒙古语族，口耳相传，没有文字，听说系统独立存在，读写系统完全缺失。“表达驱动”教学理论尊重并承认这种两系统绝对不均衡性的存在，但是强化“听”和“说”、“读”和“写”的对应性和显著相关性，由“说”和“写”的表达要求，去反溯“听”和“读”的输入，突出输入的针对性，体系化设计教学的总体思路，达成由有选择、可理解的输入，到目的性有效输出的语言习得，达到输出驱动和对应性输入相关联、相匹配衔接，实现言语产出的直接性、输入输出的次序性和输入对应输出的针对性。目前有国际中文教材在编写过程中体现“听说”技能和“读写”技能相对独立的特征，例如中国外语教学研究出版社和英国麦克米伦出版社合作研发的《走遍中国》教材，以《欧洲语言共同参考框架》为指导，每一单元第一课训练听说技能，第二课训练读写技能，第三课将二者结合进行交际活动并辅助文化内容教学。教师可根据学生需求选择“听说”先行或“读写”先行，这种实践与“表达驱动”教学理论不谋而合。

（三）强调语言习得的直接性原则

国际中文教育“表达驱动”教学理论突出真言真语在语言教学中的特殊价值，突出学习者在学习实践中的真实角色，沉浸在真实表达意图下的言语实况，形式上的语言服务于真实言语，运用于真实表达中，在真实交际场景中完成有内容、有目的、有对象、有互动的表达，从表达中实践表达，从表达中实践如何表达，从表达中实践如何表达得更得体准确。让学生无畏表达，打破拘束和形式上的局限，实现真实表达、完整表达、具身表达，让语言与实践不再分割剥离，避免语言的僵化和孤立。“表达驱动”理论的直接性原则，还体现在精选真实言语作为语料进行国际中文教学资源建设，突出地道“言语”的直接输入，促进实现地道“言语”的表达形成。

（四）强调“从言语到语言再到言语”的获得

“表达驱动”教学理论遵循“从言语到语言再到言语”的第二语言习得

路径。钟英华[①]提出，第二语言习得，先是从言语入手，语言规则的学习作为“知识性语法”范畴，必须放入实践中转化成“技能型语法”，才能在语言应用中达到掌握第二语言的目的。语言知识和交际技能要通过言语实践实现语言运用，从而强化语言形式与内容、语言内容与场景、语言内容场景与语言形式之间的联想记忆。在“表达驱动”的牵引下形成多角度的记忆关联。有选择的言语输入在先，目的语言获得在后，从而实现话语表达和文字表达，让学生在表达实践中成为“剧中人”“话中人”和“文中人”。

四、国际中文教育“表达驱动”教学理论的教学案例分析

（一）“表达驱动”教学理论应用于中国文化课程的案例教学总体目标和设计思路

国际中文教育“表达驱动”教学理论的核心在于满足学习者的表达意愿和需求，提升学习者的话语表达和文字表达能力，促进语言文化的深入融合，学习者不仅是“接受者”，实践语言文化，还是“传播者”，在运用语言表达的过程中传播文化。本研究将“表达驱动”教学理论应用于中国文化课程教学，设计相应的教学目标和教学程序，在课堂教学活动过程中观察、反思教学效果，旨在通过具体教学案例的研究分析，进一步丰富“表达驱动”教学理论的体系构建。

教学课程名称为“中华传统文化精粹”，选用教材《中华人文精神读本》第三篇“以和为贵”，主要教学目标为通过中华人文精神专题性介绍掌握语言和文化内容，培养高层次、专业化、应用型的国际型人才，加深对中华人文精神的理解。知识目标是使学生掌握与本课中华人文精神“以和为贵”相关的词汇和语言点，能力目标是通过言语互动和自编自演短剧及课程论文写作使学生提高“话语表达”和“文字表达”能力。情感目标是使学生理解中华人文精神的精神内涵，领悟中华人文精神和中国智慧。总体目标是使学生通过言语技能实践实现与“以和为贵”精神相关内容的表达运用。

研究团队包括担任留学生教学的5名专业学院骨干教师，全程参与一个单元的教学设计过程并进行教学观摩。研究团队进行了为期8周，每周4课

① 钟英华．掌握第二语言的路径：“言语—语言—言语”[J]．民族教育研究，2014，25（02）：127-132.

时的教学、观察与反思活动，教学对象为国际学生 8 人，线下 5 人，线上 3 人，来自 7 个不同国家，中文水平为 HSK4 级以上，采用线上线下混合式教学模式。授课教师本人撰写教学日志，研究团队运用有声思维法和访谈法收集学习者评价、团队成员及校外专家课堂观摩后的同行评价质性数据，分析教学效果并进行反思。有声思维（think aloud）是目前心理学和认知科学研究中收集数据的常用方法之一，在外语教学研究方面也有着广泛的应用，是指受试者（接受测试的人）在完成某项任务的过程中，随时随地讲出头脑里的各种信息。运用有声思维法收集学习者评价，有助于深入了解学习者参与课堂教学实践过程中的思维活动[①]。

（二）“表达驱动”教学理论应用于中国文化课的教学过程

杨薇、石高峰、钟英华[②]提出了基于“表达驱动”的戏剧形式教学程序框架，包括“表达驱动—选择输入—互动体验—成果产出—反思评价”的基本程序。“表达驱动”理论指导下的戏剧形式的教学实践，可将戏剧形式教学扩展为广义范畴的二语实践模式，如选取或改编、制作微视频、小型情景剧等。本研究紧扣“中华传统文化精粹”课程的特点，提炼优秀传统文化及其在当代社会生活中的传承与发展，将其融入教学设计之中。研究团队设计了“听说”和“读写”技能相对独立的表达任务，以教材《中华人文精神读本》中的第三篇“以和为贵”为例展示，具体教学程序见图 4—1，具体内容见表 1。

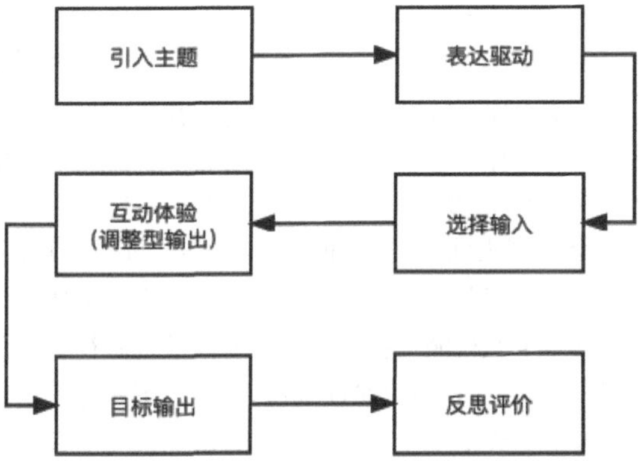

图4-1　基于“表达驱动”教学理论的中华传统文化精粹课程教学程序

① 郭纯洁．有声思维在外语教学研究中的应用 [M]．北京：外语教学与研究出版社，2015：2。

② 杨薇，石高峰，钟英华．“表达驱动”教学理念与戏剧形式国际中文教学实践 [J]．汉语学习，2022，（03）：74-80.

教材中以“郑和下西洋”和“张骞通西域”为例诠释中华文化“以和为贵”的思想在民族之间友好相处和国家之间友好往来层面的体现。教学从整体设计上对“以和为贵”的中华人文精神内涵进行了拓展，从四个层面进行诠释，包括人与自然和谐相处、人际关系和谐共处、民族之间友好相处和国家之间友好往来。每个层面都在教学开始即引入主题，在人与自然和谐相处层面的教学中，教师播放介绍学校生态校园珍稀鸟类的短视频；在人际关系和谐共处层面中，教师展示来自不同国家的留学生在校合作参加活动的照片和视频片段；在民族之间友好相处层面，教师展示天津大学生赴新疆和田地区支教的真实照片并启发学生展开讨论；在国家之间友好往来层面，教师播放“张骞通西域”的动画短视频并辅助互动提问来引起学生兴趣，如，“张骞是在哪个朝代出使西域的？‘西域’指的是什么地方？”等等。

表达驱动的成果目标设定为：在国内的学生就每个层面的主题撰写短剧剧本，与教师合作自行拍摄短视频，或在课上进行短剧表演展示。例如，在“国家之间友好往来”这一层面的教学中，成果目标是学生编写“张骞出使西域”的短剧剧本并进行表演。学生在教师的指导下进行头脑风暴，讨论分工并自主查阅相关资料。在国外的学生撰写课堂展示短文，制作多媒体课件，进行课堂表达展示并与线下学生互动提问。同时，在国外的学生也通过网络与国内学生充分沟通，担任课上短剧表演的旁白角色。

表4-2　基于“表达驱动”教学理论的中华传统文化精粹课程教学程序框架

	话语驱动	文字驱动
引入主题	引入主题，激发兴趣，课堂互动 多媒体的话语输入：图片、视频、音频	引入主题，激发兴趣，课堂互动 阅读的文字输入：词语、短句
表达驱动	设定成果目标：与“以和为贵”精神体现层面相关的两个短剧表演：“郑和下西洋”和“张骞出使西域” 实景教学资源视频“生态校园”拍摄 以“郑和下西洋”在我的国家的遗址为主题的课堂表达展示（线上学生）	设定成果目标：与“以和为贵”精神体现层面相关的两个短剧改编：“郑和下西洋”和“张骞出使西域” 实景教学资源视频“生态校园”脚本撰写 以“郑和下西洋”在我的国家的遗址为主题的短文撰写（线上学生）
选择输入	观看相关影视作品片段 教师在课堂中提供适当的词汇/语法辅助	阅读相关真实语料素材 教师在课堂中提供适当的词汇/语法辅助
互动体验	师生在课堂上的互动协商 师生在课下共同排练，充分互动，促进调整型输出	师生在课堂上的互动协商 师生在课下共同改编和撰写剧本及课堂表达展示短文，促进语言习得的准确性

（续表）

	话语驱动	文字驱动
目标输出	短剧表演（线上线下合作） 课堂表达展示	剧本成文（线上线下合作） 课堂表达短文成文
反思评价	互动反馈、反思与改进	互动反馈、反思与改进

在“选择输入”环节，教师为学生提供新闻文本、小说节选、真实照片、纪录片视频、新闻视频、动画视频和自媒体短视频等输入，“听”和“读”的输入分别对应“说”和“写”的输出。在“张骞通西域”这一节的教学中，教师通过为学生播放《张骞通西域》纪录片片段作为话语输入，带学生阅读教材中“张骞通西域”的故事作为文字输入，并辅助讲解重点词汇、语法点，使学生掌握相关的语言知识和文化内容。在“郑和下西洋”这一节的教学中，一方面让学生观看《郑和下西洋》的视频片段，就视频内容进行讲解和讨论，另一方面让学生阅读“关于郑和下西洋，你了解多少”的文章，指导学生进行剧本撰写，同时在两个通道辅以适当的精彩词汇和语法要点归纳，为目标输出环节的课上短剧表演提供输入。

在“互动体验”环节，教师通过问答、竞答、提问、讨论等形式，组织学生进行课堂中的言语实践，批改学生编写的剧本进行书面反馈，在课上问答练习和课上课下排练中及时应用重述和澄清请求等策略纠正语音、词汇和语法错误，鼓励学生进行回应和修正，实现“调整型输出”。在短剧表演准备过程中，教师与学生共同商量分配角色，进行剧本阅读和排练，教师在排练中进行纠错反馈，直至学生充分理解了剧本的含义并能够基本朗读下来自己部分的台词。国际中文教育“表达驱动”理论指导的互动体验环节，强调全员全过程表达，线上线下学习者独立完成任务在课堂展示环节中进行了充分互动。线上泰国学习者通过自主在网上搜集郑和下西洋曾经到访过泰国的资料撰写了“泰国大城三保公寺”的介绍短文，制作多媒体课件在课上进行讲解展示，然后以提问的方式与线下学习者隔空互动。教师在课下对短文和课件进行批改反馈，整体教学程序设计使学习者的“语言获得”回归到无畏表达、真实表达、完整表达的实践中，既掌握了相关语言点，提升技能，又加深了“以和为贵”内容的认识理解。

在最后的“目标输出”和“反思评价”环节，教师通过知识竞答和短文填空等活动进行本课内容复习，随后线上线下学生在课堂上合作协同进行“张骞出使西域”和“郑和下西洋”两个短剧的表演，线下学生展示生态校园实景视频并与线上学生互动，线上学生进行课堂表达展示并与线下学生互动，实践“做学一体”和“学做合一”。随后教师和学生一起对短剧的编写和表演进行回顾评价，共同探讨学习过程中的收获和进一步改进提升的空间。

五、国际中文教育“表达驱动”教学理论实践的评价

（一）研究者反思

研究团队基于国际中文教育“表达驱动”教学理论设计的“中国传统文化精粹”课程，在教学过程中不断进行反思。首先，教学初始环节设定话语驱动和文字驱动成果目标，可更好驱动学生的表达意愿，使教学全过程具有针对性。其次，在国际中文教育“表达驱动”教学理论的实践过程中，教师角色具有多维属性，决定着语言的使用和真实言语的回归。教师在教学过程中扮演着监控者、激励者、语言指导者和社会实践者角色，坚持“以学习者为中心”原则，在教学中运用交际策略激发学习者表达意愿并根据学生的需求及时调整教学内容。教师在剧本撰写过程中对学生进行语言准确性的互动指导，在排练中对学生进行言语输出示范指导，为同伴互动的实现提供支持，在互动中体现情感策略，鼓励表达。最后，在教学资源建设方面，学习者自身积极参与创建教学资源、进而实现“表达驱动”理论倡导的“真言真语”在语言教学中的重要作用。在真实环境中与学习者共同拍摄实景视频作为教学素材，有助于帮助学习者实践沉浸式、立体化的中文获得。

通过此次教学课堂实践，研究团队发现“表达驱动”教学理论在实际应用于中国文化课程教学时除了应确保输入材料的合适度，也应重点关注“表达驱动”成果目标的难度评估，根据学习者的水平进行分层教学，为同一班级内的学习者设定不同的“听说”和“读写”成果目标。由于短剧表演需要应用课下大量时间进行排练，成果目标难度适当可有效驱动学习者的表达意愿和自主学习意愿，反之则会让学习者产生疲劳和畏难情绪。

（二）学习者评价

对 8 名教学对象用有声思维和访谈法收集了教学评价，从评价中可以看出“表达驱动”教学理论指导下的中国文化课堂教学实践有效实现了该课程的知识目标、能力目标和情感目标。在教学效果方面，学习者普遍认为通过

参与此次课堂教学实践，既提高了言语表达能力，又对于中华人文精神有了更深入的了解和具体的体验，反映出“表达驱动”教学理论可以积极促进语言和内容的深入融合。

“我觉得通过这门课程我学到很多，除了学习词语和结构，提高了表达能力，还学习了中国和其他国家和睦相处的关系，所以我觉得我们外国人可以学习中国的价值观，然后传给我们国家或者别的国家的朋友们。”

“我以前不知道‘郑和下西洋’和我的国家有关系，老师告诉我之后我开始调查才发现这样的故事，我也觉得我的同胞们都不知道中国人和肯尼亚人最早怎么开始交流的。以前我觉得中国历史太难太复杂，我作为一个外国人无法了解，但是这次的课程让我慢慢开始了解中国历史，让我很感兴趣，也让我更勇敢表达。”

在激发学习者主动性方面，所有学习者都认为“表达驱动”教学理论指导下的课堂教学效率高，戏剧形式教学有效促进了语言知识的内化和言语技能的发展，多模态有针对性的教学资源输入满足了学习者真实的表达需求，拍摄的实景教学视频和以往传统性课程不同，身临其境，自主抒发，积极主动，自发实践，有助于提高表达实效，也提高了线上同学的学习兴趣，如：

“我觉得这种教学方法比普通的教学有趣，不无聊，照片和视频让我们很容易理解老师教的内容。”

“我觉得这种教学方法特别好。如果老师只是讲，我可能当时可以理解，但是很快会忘记，但是通过表演以后，我会经常想起学过的内容。”

“中国有个成语叫‘熟能生巧’，我们经常在课下进行短剧排练，让我们语言表达进步很快。”

“在学习的过程中，老师和学生互动很多，学习气氛很好，不尴尬也没有压力。实景视频让我在线上看到了校园的风景，提高了我的学习兴趣。”

对于教师起到的作用，所有的学习者都从不同角度对教师给予了积极评价，认为排练中教师及时指导，提高了话语表达的流利度，教师的鼓励舒缓了失口畏惧的心理压力，如：

“我觉得老师在排练短剧中的作用是非常大的，比如我声调读错时，老师在现场会直接帮我们纠正错误，然后我们就不会一直说错了。”

“我觉得老师的鼓励特别重要，老师总是鼓励说我可以做到，让我不怕说错了。老师抽时间和我们在课下排练也让我们觉得自己很重要，更想好好学习。”

学习者还提到了同伴互动对于提升自己的表达能力起到积极的作用，增加了他们使用语言进行表达的机会，提供了修正语言错误的机会，同时也让语言的产出更加流利。

“和同伴一起表演让我的发音更标准，提高了我表达的流利度，刚开始我会紧张，但是慢慢我就习惯了。”

“这种教学方法让我和同伴有很多互动，有的同学比我水平高，我也向他们学习了很多词语和语法知识。”

“和其他同学们在一起排练让我更有耐心，更勇敢了，因为我们的汉语水平不一样，有的同学比我高，有的比我低，我们在一起就是合作学习，他们也给我很多鼓励。”

（三）同行评价

对团队成员其他4名教师进行了半结构化访谈，分阶段收集了同行评价。4名教师认为本次教学模式探索证实了表达驱动”教学理论可有效解决内容抽象、形式单一的教学问题，提高了教学效率。从课堂观摩和课下观察感受学习者的表达意愿得到激发，互动中真实言语自然形成，打消了表达顾虑，凸显了“拿来试”“拿来用”的意识和表达成功的成就感。

研究团队邀请了国际中文教育领域的4名专家进行了课堂观摩及评价，给予了高度评价并提出了中肯的建议。如，专家评价：

“语言和文化怎么结合其实是多少年来我们一直在思考的一个问题，通过课堂观摩，我们看到教师用‘表达驱动’来促进语言教学，用一个很好的目标来刺激他的表达需求，激发表达欲望，而不是被动重复老师的语言。教学全程贯穿新颖思路和理论，刺激表达需求、表达意愿，沉浸在语言中去体验，感知理解巩固记忆，确实起到了潜移默化、润物无声的作用。”

六、结语

新时代的国际中文教育需要进一步重视“教学实效”和“学以致用”，探索符合语言习得规律、提高教学效率的教学理论。基于“表达驱动”教学理论的中国传统文化精粹课程实践，是新理论应用于教学的实践，深度融合、提质增效。研究发现，“表达驱动”教学理论指导下的话语驱动和文字驱动能有效激发学习者的表达意愿，有针对性的“真言真语”语料和多模态输入，有助于帮助学习者实现高效输出，学习在阶段性的师生互动和同伴互动实践中发生，学习者在最终表达中提高言语能力。短剧表演、课堂微演讲是“表达驱动”理论进入课堂的一个有效选择。“表达驱动”理论得以落地，需要针对不同学习者精心设计驱动，分阶段实施，需要教师和学习者协同实践。未来，这种理论可尝试应用于更多课程实践，探索新课型教学模式，丰富完善“表达驱动”教学理论的系统构建。

第三节　《国际中文教学通用课程大纲》在英国“中文培优”项目中的应用①

《国际中文教学通用课程大纲》（中小学阶段）作为中文教学实践标准，为海外低龄中文教学提供了规范性的指导和参考。《大纲》在“中文培优”项目中的应用，本质上是国际中文教育标准与英国外语教育体系的衔接，具有重要价值，助力解决“中文培优”项目面临的三重挑战、达成关键成果目标、推动国际中文教育标准与英国本土实践的深度联结。在英国中文教育国际合作项目中，《大纲》可以从课程整体设计、教学大纲编写、课堂教学实施、教学资源建设、考核评价设计五个方面具体实施，并在“中文培优”暑期来华研修项目的实践应用中提供指导和支持。效果评价显示，《大纲》的应用能显著提升低龄学习者的中文学习积极性，为中外教师搭建合作平台。未来，可通过开展专题培训及构建中外教师专业共同体进行师资赋能，开展国别化修订以适应不同地区中文教学需求，进一步提升《大纲》的海外应用价值。

一、引言

加强标准在海外国际中文教学应用实践的案例研究，是国际中文教育高质量标准体系建设的需要。标准体系建设，应遵循“顶层设计－中介转化－本土实践”的三层框架，以《国际中文教育中文水平等级标准》（以下简称《标

① 本节参考并引用自：于泓珊，杨薇，钟英华．《国际中文教学通用课程大纲》的应用价值与实践探索——以英国中文教育国际合作项目的应用为例 [J]. 四川师范大学学报（社会科学版），2025，52（04）：5-13.

准》）及区域标准作为上位规范，通过教学大纲和课程大纲等标准框架实现转化，进而影响课堂教学开展与实施[①]。《国际中文教学通用课程大纲》（中小学阶段）（以下简称《大纲》）于2024年正式发布，不仅顺应国际中文教育规范化需求，也是中国作为中文母语国积极参与全球中文教育治理的重要组成部分。

近年来，国际中文教育项目的多元发展为三层框架的海外应用提供了场域。国际中文教育项目是指国际中文教育背景下为实现特定的中文教学目标而设计和实施的教育项目，通常由教育机构、政府或非政府组织发布，其中包括国际合作项目，由中外两国教育机构或组织共同承担。该类项目具有制度化特征，旨在整合资源优势，为学习者提供更全面的中文教育服务[②]，典型代表项目如英国的“中文培优”项目（Mandarin Excellence Programme，MEP）。近二十年，中文在英国外语教育中的地位稳中有升[③]。英国中文教育迅速发展的主要原因之一，是政府实施了“中文培优”项目。该项目由英国教育部、英国文化教育协会与中国教育部中外语言交流合作中心等机构合作推动，体现了两国教育部门的官方协作。项目基于多方签订的合作备忘录，具有制度化合作基础，呈现主体多元的特点。自2016年英国教育部投资启动，MEP为英格兰数千名中学生提供系统中文课程，同时构建起独具特色的本土教师培养体系[④]，不仅体现了国际中文教育的全球化趋势，也反映了国际社会对中文能力重视程度的提升[⑤]，为标准化课程框架与本土化实践提供了结合的可能。

《大纲》的推出，引发了学界的广泛关注，相继出现不少研究性成果，

---

① 吴勇毅．国际中文教育标准体系的构建与《等级标准》的落地［J］．对外汉语研究，2023，(01)：104-110.

② 刘冰，郑艳群．国际中文教育项目的多元发展：创新模式与实践路径［J］．天津师范大学学报（社会科学版），2024，（06）：17-24.

③ 戴曼纯．欧洲多语教育环境下的中文教育发展空间［J］．云南师范大学学报（哲学社会科学版），2024，56（04）：23-33.

④ The Mandarin Excellence Programme Evaluation Report 2022/2023, https://ci.ioe.ac.uk/wp-content/uploads/2024/12/MEP-Evaluation-Full-Report-2022-2023-11102024.pdf.

⑤ 郑艳群，刘冰．全球教育环境下国际中文教育项目的现状与展望［J］．青海民族大学学报（社会科学版），2025，51（01）：185-190.

如吴勇毅探讨了《大纲》的内在逻辑①；吴中伟、丁安琪对《大纲》课程目标的基本内涵及其意义进行了全面阐释②；王祖嫘认为未来可逐步形成以《标准》为统领，《大纲》为基本构架，本土课纲集群为终端的国际中文课程标准体系③，这些成果多聚焦文本解读与体系展望，缺乏海外落地的实践探索。关于英国中文教育研究多关注宏观和发展层面，如赵杨、张新生、于泓珊、胡唯哲、潘琳等的相关研究④，关注标准落地实践的少。本文聚焦的核心是《大纲》如何在英国中文教育国际合作项目中落地实践的问题，首先对《大纲》应用于英国中文教育国际合作项目的价值进行分析，然后提出《大纲》落地的具体路径和实践探索案例，最后进行效果评价，提出发展建议，为推进《标准》指导下的《大纲》落地提供可应用、可推广、可借鉴的国别教学实践案例。

二、《大纲》应用于英国中文教育国际合作项目的价值

近年来，随着 85 个国家将中文纳入所在国国民教育体系之中，形成了由语言政策驱动的中文课程开设新趋势，海外中文学习者低龄化愈发明显，要求中文教学从宏观到微观的一系列适应与改变⑤。《大纲》是国际中文教学领域第一份专门面向中小学阶段的课程大纲⑥，是针对海外中文学习者低龄化需求建立的适配性的指导性标准，能有效解决英国中文教育国际合作项目现阶

① 吴勇毅.《国际中文教学通用课程大纲》（中小学阶段）的内在逻辑：目标、内容与教学法 [J]. 国际汉语教学研究，2024，（03）：29-36.

② 吴中伟，丁安琪. 全人教育视域下的中小学国际中文课程目标 [J]. 国际中文教育前沿，2024，（01）：1-12+180-181.

③ 王祖嫘.《国际中文教育中文水平等级标准》与海外中文课程大纲的耦合与互动 [J]. 贵州师范大学学报（社会科学版），2024，（03）：84-95. DOI：10.16614/j.gznuj.skb.2024.03.009.

④ 赵杨. 英国中文教学的多元化发展趋势 [J]. 云南师范大学学报（对外汉语教学与研究版），2009，7（04）：25-29；张新生，李明芳. 英国汉语教育的发展现状、特征与趋势 [J]. 云南师范大学学报（对外汉语教学与研究版），2024，22（05）：43-53；于泓珊，张新生，钟英华. 多元文化外语教育背景下加强中文融入英国国民教育体系策略研究 [J]. 河南大学学报（社会科学版），2024，64（04）：112-119+155；胡唯哲，吴桐. 英国本土中文教师发展现状、问题及对策 [J]. 云南师范大学学报（对外汉语教学与研究版），2022，20（06）：69-79；潘琳，唐艳文，胡文静. 英格兰外语教学政策视角下的中文培优项目探究 [J]. 国际中文教育（中英文），2023，8（02）：77-88.

⑤ 李宇明. 海外汉语学习者低龄化的思考 [J]. 世界汉语教学，2018，32（03）：291-301.

⑥ 语合中心《〈国际中文教学通用课程大纲〉（中小学阶段）正式出版！》[EB/OL]（2024-05-11）[2025-01-05]. https://mp.weixin.qq.com/s/5pItyxrnq-xPzDw7lhN27Q.

段面临的主要挑战，助力项目达成关键成果目标，具有多重价值意义。

（一）英国“中文培优”项目的发展成效与挑战

MEP 作为英国教育部资助的中英合作中文教育项目，由伦敦大学教育学院孔子学院和英国文化教育协会联合实施，旨在提升英国中学生的中文水平，培养具有全球视野和跨文化交际能力的人才。MEP 是英国基础教育阶段较重要、成效较好的中文教育项目，已形成独特的“中文培优”模式[①]。

1. 发展成效

MEP 自 2016 年启动以来，规模不断扩大，受到多方欢迎，项目多次延期。目前，该项目已延长至 2025 年 8 月 31 日。2016/2017 学年至 2022/2023 学年，参与项目的学校数量从 15 所增长至 79 所，参与学生从 381 人增至 7772 人[②]，体现了供需各方对项目实施的认可度和满意度。MEP 的总体目标是为公立中学提供中文教育，为学生的未来职业生涯赋能。核心目标为增加开设中文课程的公立学校数量，提升第四关键阶段（KS4，14–16 岁）和第五关键阶段（KS5，16–18 岁）中文学习人数与学业成绩。2024 年 10 月发布的《“中文培优”项目 2022—2023 年度评估报告》指出，MEP 项目取得了一系列显著成效[③]：一是推动英格兰地区 GCSE 中文考试学生人数快速增长。项目自开展以来助力 8863 名学生参加 GCSE 中文考试。2023 年英格兰地区考生共 5559 人，其中，公立学校考生为 3801 人。来自 51 个 MEP 学校的考生 1053 人，比 2022 年增长了 37%，占全部考生的 19%，占公立学校考生的 28%。公立学校中，没有中文或者华裔背景的 GCSE 考生中，约有一半（47%）来自 MEP 学校。二是显著提升了英格兰地区考生 GCSE 中文考试成绩。GCSE 成绩是 MEP 项目成效核心测量标准。2023 年，MEP 学生 GCSE 中文考试平均成绩为 6.4 分，82% 的考生取得了 5 分及以上成绩，36% 的考生取得了 8 或 9 分的成绩。公立学校中，MEP 项目学生的平均成绩显著高于非 MEP 项目学生。

---

① Rebecca Nicoletti, Kieron Culligan, The Mandarin Excellence Programme Evaluation of the first five years, https://ci.ioe.ac.uk/wp-content/uploads/2022/05/MEP-Independent-Evaluation-Report-2016-2021.pdf.

② The Mandarin Excellence Programme Evaluation Report 2022/2023, https://ci.ioe.ac.uk/wp-content/uploads/2024/12/MEP-Evaluation-Full-Report-2022-2023-11102024.pdf.

③ The Mandarin Excellence Programme Evaluation Report 2022/2023, https://ci.ioe.ac.uk/wp-content/uploads/2024/12/MEP-Evaluation-Full-Report-2022-2023-11102024.pdf.

2. 面临挑战

在新的时代背景下，MEP 项目在取得丰富成果的同时，其实施也面临着以下三方面挑战[①]。一是学习动机稳定性的难题。随着学习者持续参与项目多年，在进入第四关键阶段后，学习兴趣开始流失，不少学生放弃继续学习。二是考评体系异构性困境。GCSE 考试和 HSK 考试在词汇覆盖、题型结构和能力导向方面存在偏差，导致教师与学习者需承担 MEP 年末阶段考试（Hurdle Test）和 HSK 考试的双重备考压力。三是进阶路径选择危机。出现 A-level 中文课程适配性不足，GCSE 考试后中文学习延续率低等问题。这些挑战构成项目可持续发展的障碍。《大纲》的颁布，增强了教学实践应用的系统性，一些问题将逐渐得到解决。

（二）在英国“中文培优”项目中应用《大纲》的价值

《大纲》与 MEP 在课程组织架构、培养目标、教学实施等方面存在显著的适配性。《大纲》采用的主题式内容编排范式，与英国中小学以主题为核心的中文教学实践相呼应。《大纲》提出的“中文综合运用能力、文化能力、学习和思辨能力、情感和态度”四个培养目标，与英国国家课程大纲（National Curriculum）倡导的“全人教育”目标具有内在一致性。《大纲》的多样课程内容示例，精准对接英国基础教育阶段差异化教学需求。多维度的适配特征，使得《大纲》在英国中文教育场域展现出独特的实践应用价值，能够为 MEP 提供专业支持和教学参考，助力解决项目面临的关键挑战、达成向好的成果目标、推动国际中文教育标准与英国本土实践的深度联结。

1. 助力解决项目面临的关键挑战

一是《大纲》中的分级目标设定和文化主题可激发学习者的积极性，助力稳定学习动机。《大纲》设定了清晰的分级课程目标，让学习者通过达成阶段性目标构建成就感，避免因难度跳跃过大而丧失信心。其文化点示例亦可助力教师激发学习者兴趣，增强学生中文学习的内在动力。二是《大纲》中的语言知识内容助力教师指导学习者备考，能解决考评体系异构性困境。三是《大纲》高等阶段内容关联学习者个人发展与全球机遇。中文经贸价值、文化价值、科技价值等属于中文传播吸力[②]，已被系统嵌入《大纲》的高阶目

① The Mandarin Excellence Programme Evaluation Report 2022/2023, https://ci.ioe.ac.uk/wp-content/uploads/2024/12/MEP-Evaluation-Full-Report-2022-2023-11102024.pdf.

② 唐培兰，李宇明．试论中文国际传播能力 [J]. 中国语言战略，2024，11（01）：85-94.

标，教师可参考应用，帮助学习者将中文学习与未来职业规划相关联，使其意识到中文能力是参与全球对话的工具，激发其长远学习动力。

2. 助力达成项目关键成果目标

在 MEP 中应用《大纲》的显著价值，在于其能够系统解决项目中的核心痛点，助力达成关键成果目标[①]。一是有助于增加第四关键阶段中文学习者基数，显著提高中文考试成绩。《大纲》结构化的课程设置可精准定位需求，提升教学效能。基于《大纲》的“主题－知识－文化－活动”框架，教师可筛选贴合英国学生认知场景的内容，制定更为合理的教学计划，吸引更多学习者加入，提升教学效率和学习成效。二是有助于深化教师对“有效教学如何培养学习者积极中文学习态度”的理解，扭转“中文难”的刻板认知。《大纲》的“情感策略”，如积极使用中文进行交际，不怕犯错，缩短了语言知识与实践应用之间的距离，有助于学习者从实践中认知不足，教师知困反思，通过沉浸式教学和鼓励型反馈重塑学习者对中文学习过程的认知，从根本上扭转学习者“中文难”的消极认知。

3. 助力推动国际中文教育标准与英国本土实践的深度联结

《大纲》在 MEP 中的应用，本质上是国际中文教育标准与英国外语教育体系的战略性对接。通过“全面覆盖－双向调适－人才反哺”的闭环机制，能激发英国中文教育主体对标准实践的参与。一是全面覆盖：以 MEP 网络为枢纽，为全英中文教育提供借鉴性参考。MEP 项目学校覆盖英格兰所有行政大区，依托这一网络，《大纲》的课程框架可被学校熟悉，助力形成标准落地的“灯塔效应”，吸引更多非项目学校主动借鉴。二是双向调试：总部统筹实施与学校的因地制宜、创新协同发展。MEP 的运行模式是学校将总部的集中指导和支持转化为本地实践自主发展，因此 IOE 孔子学院可通过建立“标准指导－实践检验－反思升级”循环机制，实现《大纲》与英国中文教育需求的深度适配。三是人才反哺：鼓励英国中文教育从业者参与标准建设。IOE 孔子学院开展了全英规模最大的中文职前教师教育“中文 PGCE 课程”，将 MEP 作为中文 PGCE 学员及初任教师实习场所。在 MEP 中应用《大纲》，可在本土中文师资培养中融入标准概念，吸引更多中文教育从业者参与标准建

---

① The Mandarin Excellence Programme Evaluation Report 2022/2023, https://ci.ioe.ac.uk/wp-content/uploads/2024/12/MEP-Evaluation-Full-Report-2022-2023-11102024.pdf.

设，反哺标准的完善发展。

三、《大纲》应用于英国中文教育国际合作项目的实践路径

《大纲》作为指导国际中文教育的纲领性文件，其核心理念与 MEP 目标高度契合。2024 年 7 月，MEP 组织 61 所学校的 1187 名中学生及 158 名教师开展史上最大规模的赴华研修[①]，为《大纲》的实践应用提供“物理、认知、情感”三维沉浸式场景，形成中英教师协同教研的实践场域。本研究以 1 所 MEP 学校在天津师范大学的暑期研修项目为载体，探讨《大纲》在英国中文教育国际合作项目中的应用，中英教师合作面向 26 名学生进行了 10 天的教学实践。以下五个维度可以作为《大纲》在英国中文教育国际合作项目中的具体实践路径。

（一）课程整体设计

课程设计是一个教学项目的教学目标、教学内容及其实施方案的总体设计[②]。可遵循《大纲》的模块化结构，结合项目本身的目标，围绕整体框架下不同层级的课程目标、课程内容、课程评价等模块展开规划。教师可以根据学生总体水平等级来设定差异化课程目标。《大纲》的课程目标描述采用英国教师熟悉的“能做”方式，便于教师实践操作。在课程内容方面，结合英国中学中文考试主题和学习者兴趣设定主题。在课程评价方面，教师可应用《大纲》以评促学、以评促教、全过程评价的理念，直接应用《大纲》提供的评价样表。

1. 课程体系构建

在实践中，中方教师团队基于《大纲》理念和框架，结合 MEP 实际需求，系统构建了来华研修项目“3+2+1”课程体系，包括 3 大核心模块（主题中文、文化体验、社会实践），2 条能力主线（语言表达能力和跨文化交际能力），1 个中国语言伙伴机制。中文课采用主题式教学，文化体验实施项目式教学，社会实践进行沉浸式教学。主题中文教学与社会实践有机结合在一起，学习

---

① 数据来源：2024 年 11 月世界中文大会“中文培优”项目负责人报告“学校合作与语言学习搭建国际青年交流之桥（School Partnership and Language Learning Bridging International Youth Exchange）”.

② 吴中伟 . 汉语作为第二语言教学——汉语技能教学 [M]. 北京：外语教学与研究出版社，2014：111.

者可将上午学习的主题内容通过下午社会实践充分应用，提高了表达的自信心和成就感。以第三天日程安排为例，学习者上午学习“运动与现代生活”主题，下午进行“中国舞体验”，并到天津水上公园进行社会实践，完成采访中国市民“运动生活”的任务，以主题形式将课上语言文化教学与课下实践有机结合，形成完整闭环。

2. 课程目标设置

参考《大纲》提出的课程总目标和分级目标，结合项目自身目标，将来华研修教学总目标设定为助力学习者拓宽国际视野，提升中文综合运用能力，强化文化、学习与思辨能力，真实、立体、全面了解认识中国，塑造积极价值观，促进全面发展，为未来职业发展积累人力资本。参考《大纲》提供的《中小学阶段各年级中文教学内容水平等级表》，根据学习者的学习汉语的起点年级和每周学习课时数了解学习者大概的水平等级，设置课程分级目标。本次教学实践对象为 9 年级学生，从 7 年级开始学习中文，每周约 4 课时，通过查询等级表，推测学习者水平约为 2B 等级。教师团队以此为参照制定了语言理解、语言表达和人际沟通三个层面的分级目标。一是语言理解，能听懂常用的教学用语和主题相关的简单对话，能借助词典看懂主题框架下的一些书面信息，如菜单、课表等。二是语言表达，能用简单的话语表达自己的喜好、能力和需求，如告诉对方自己喜欢什么食物，能用打字或手写的方式制作一份信息表。三是人际沟通，能用简单的话语与同学 / 中国伙伴进行口头及书面交流，如互相了解校园生活和兴趣爱好。以“美食与购物”主题为例，分级目标如表 4—3 所示。

表4-3　MEP暑期来华研修项目“美食与购物”主题中文综合应用能力分级目标

中文综合应用能力分级目标	具体描述
语言理解	能听懂简单的教学用语，如关于某个教学活动的具体指令； 能听懂用简单的话语介绍的美食知识和商品价格，如天津的特色小吃狗不理包子和旅行纪念品价格； 能借助词典看懂简单的书面信息，如菜单和简单的商店介绍。
语言表达	能用简单的话语表达喜欢什么食物，能通过打字或手写的方式制作一份中英美食对比思维导图及菜单； 能用简单的语篇向别人说明商店的特点，例如售卖的商品和价格，能通过打字或手写的方式制作一份商店介绍海报。

（续表）

中文综合应用能力分级目标	具体描述
人际沟通	能用简单的话语与同学/中国伙伴进行信息交流，如互相了解对方喜欢吃的食物、中国和英国的一日三餐和两国特色美食； 能用简单的话语与中国人进行比较得体的基本交际，如买纪念品。 能进行简单的书面交流，如互相了解各自的饮食喜好和购物需求。

（二）教学大纲编写

在围绕主题编写教学大纲时，教师需要考虑词汇和语言点的难度等级和学生的接受能力，不能把属于同一个主题的语言知识都在同一课堂里教给学生，《大纲》则提供一个可以参照的基准。在编写 MEP 项目教学大纲时应同时考虑英国本土中文学习需求，注重与英国国家课程普通中等教育证书 GCSE 和 A-Level 考试大纲的衔接。可先参考项目要求确定教学主题，再参考《大纲》提供的《中小学阶段各年级中文教学内容水平等级表》确定学生水平等级，然后对应选取《大纲》中该主题下语句、词汇、语法点和文化点示例。教师还可进一步参考《标准》选取语言点编写教案，提前将 HSK 考试内容嵌入日常教学，减轻师生备考压力。

主题式教学是以主题为基础编写教学大纲、编排教学内容，丰富多样的教学活动通过内容连接在一起，教学主题不仅通过活动体现，也是联结师生的纽带①。在 MEP 暑期来华研修项目中，英方总部规定采取主题式教学并提出了 4 个主题“运动与现代生活”“校园生活”“历史与文化遗产”“美食与购物”，中方团队根据主题进行教学大纲的编写，学习者通过课上活动和课下社会实践围绕主题进行深入学习，提升主题相关内容的表达能力。英方选取这 4 个主题，一方面由于它们本身是 GCSE 考试大纲中的一部分，另一方面由于它们与在中国的社会实践密不可分。对于中方教师来说，这既是一次挑战，也是一次机遇，教师团队以教学主题为核心进行头脑风暴，思考教学涉及的各种因素，并尝试将天津地方特色有效融入主题教学中。

在编写教学大纲时，中方教师首先发现 4 个主题在《大纲》中均有体现，鉴于 MEP 学习者为初级水平，教师仅参考了《大纲》初等 1–3 级的内容。随

① Lynne Cameron, Teaching Languages to Young Learners (Cambridge University Press, 2001), 180-197.

后，参照《大纲》4个主题初等2级的内容和学习者真实的表达需求，规划和调整教学内容，编排词汇、语言点和文化点，设计教学活动，制作课件、讲义等教学资源。语言知识的选择参考《大纲》附录中的《分级分类词表》及英方教师提供的GCSE中文考试中文词汇表和语言点列表。

以“美食与购物”主题教学大纲为例，中方教师在英国GCSE考试大纲基础上补充了适合交际的内容，主要词汇、语言点、文化点、语句和活动如表4—4所示。根据英国外语教学普遍采用的差异化教学原则，教师准备了拼音加汉字和全部汉字的讲义供学习者选择。参考《大纲》补充了适合学习者水平教学内容，如词汇“包子”、“奶茶”、“糖果”、“碗”、“一共”；语法点“能愿动词：可以”，“双宾语句：主语+动词+给+宾语1+宾语2”；语句示例“我想要……，一共多少钱？”，“可以看看吗？”，“我想给家人和朋友买礼物”；活动“两人一组，模拟购物”等。基于“表达驱动”教学理念对学习者表达需求的重视和《标准》对词汇两个5%的适度调试原则，教学团队也补充了一些体现天津地方文化、当代中国国情并具有交际功能的词汇，例如专有名词“煎饼果子”、“麻花”、“泥人张”、“支付宝”、“京东”，动词“扫码”、“支付”，量词“笼”等。教学团队对《大纲》“日常生活”主题的文化点进行改编，将“中国送礼的习俗与禁忌”改为“中英送礼的习俗与禁忌对比”，提升学习者跨文化交际意识。

表4–4 MEP暑期来华研修项目“美食与购物”主题教学大纲（简版）

教学内容	教学内容示例
词汇	名词：早饭、午饭、晚饭、汉堡、薯条、包子、饺子、米饭、果汁、咖啡、奶茶、狗不理包子、糖果、饼干、礼物、冰箱贴、熊猫玩偶、中国茶、麻花、微信、支付宝、淘宝、拼多多、京东…… 动词：吃、喝、喜欢、买、支付、扫码…… 副词：特别、一共…… 量词：份、碗、笼…… 形容词：好吃、好看、可爱、便宜、贵……
语法点	动态助词：过 能愿动词：可以 动词重叠：看看 固定格式：又……又…… 范围、协同副词：一共 双宾语句：主语+动词+给+宾语1+宾语2

（续表）

教学内容	教学内容示例
文化点	中英饮食文化 中英送礼的习俗与禁忌对比 中国网络购物 移动支付
重点语句	来中国后，你吃/喝过什么？ 我吃/喝过……。 你早上/中午/晚上吃什么？ 我早上/中午/晚上吃……。 您想要什么？ 我想要……，一共多少钱？ 可以看看吗？ 您怎么支付？现金、微信还是支付宝？请扫码。 快要回国了，你想给……买礼物？ 我想给……买……。
主要活动	1.小组活动：采访同学喜欢的中英美食。 2.双人活动：采访中国伙伴家乡特色美食。 3.小组活动：中英学生共同制作中英一日三餐对比思维导图。 4.小组活动：餐厅点餐角色扮演。 5.双人活动：采访同学想买什么礼物。 6.双人活动：和中国伙伴一起在网上给家人和朋友挑选礼物，讨论送礼禁忌。 7.小组活动："我是小店主"，制作商店海报，用便利贴写上商品名称并定价，开展售卖活动角色扮演。

（三）课堂教学实施

课堂教学实施须以《大纲》提出的以学习者为中心，兼顾功能、结构、文化，平衡语言形式和表达内容，明确每个阶段的学习目标。参考《大纲》提出的五种综合教学模式课例，即主题式、沉浸式、任务型、PPP模式和项目式教学，教师可以发挥创意，将以上教学模式自由组合，采取表达驱动、任务实践、技术赋能、合作学习的方式进行课堂教学实践。

1. 教学理论创新

教学实践依据国际中文教育"表达驱动"自主创新理论（Expression-Driven Approach，EDA）展开。该理论由钟英华基于天津师范大学60年来华留学生"突出实践性教学"的理念与经验提出，以表达需求驱动语言内化，强化"学做一体"、"做学合一"，破解传统教学中学用剥离的难题。首先，"表达驱动"

理论注重在教学全过程驱动学习者表达意愿[①]，适配 MEP 在沉浸式环境中提升中文应用能力的成果目标。其次，“表达驱动”强调的话语表达和文字表达与《大纲》提高“说/写”表达技能的总目标相契合，可助力学习者调用《大纲》内容实现表达需求。最后，“表达驱动”理论可引导学习者反思如何将《大纲》中的文化知识从认知客体转化为表达工具，通过表达获得话语权，以实现《大纲》和 MEP 项目的全人教育目标。

2. 教学方法多元

一是通过设置多元化的表达任务，突出学习者的“主体参与感”，提升“体验感、成就感、满足感”。教学团队针对英国学习者喜好互动性强的任务和适应差异化教学的特点定制教学，以《大纲》提倡的“学习者为中心”理念组织教学活动，参考《大纲》的课程内容中的活动示例设置采访、小组讨论等互动性强的课堂表达任务和社会实践任务。二是参考《大纲》的“学习策略”设计类型多样的教学活动，助力学习发生，且在布置教学活动时注重任务差异化。《大纲》的学习策略中提出认知策略包括借助图标、思维导图等工具归纳、整理所学内容，教学团队以此为依据设计了制作“中英一日三餐对比”思维导图的任务，根据差异化教学原则允许学习者自由选择用汉字或英文和拼音完成任务。三是在课堂教学全过程发挥中国伙伴的积极作用，通过交际实践满足交际需求。例如，在“美食与购物”主题下，教学团队设计了 7 个教学活动，以双人和小组的形式开展“采访同学喜欢的中国美食”，“采访中国伙伴的家乡美食”，“中英学生共同进行网络购物”，“我是小店主——商店设计与购物体验”等活动。教师在活动的每个阶段都对学习者给予正向反馈，鼓励他们在小组活动中勇敢表达。

（四）教学资源建设

教学资源开发需以《大纲》的课程内容为核心，结合英国教学实际需求进行本土化改造。教师在编写项目教材时，可参照《大纲》的词汇和语法分级，同时融入英国本土文化元素和来华团组所在中国城市元素，以增强学习者参与感。在进行教学资源建设时，参考《大纲》的分级目标编制促进语言理解、语言表达、人际沟通的小册子、任务单等课堂资源。在数字资源建设方面，

---

① 钟英华，于泓珊，杨薇．国际中文教育“表达驱动”教学理论与实践［J］．世界汉语教学，2023，37（03）：388-398.

可利用互动学习平台，整合音频、视频及虚拟现实技术，模拟中文语境下的真实场景。此外，可依托 MEP 现有的线上资源库进行《大纲》板块的教学资源建设，提供教案模板和主题视频资源。

在实践中，一是教师参考《大纲》的分级课程目标和英国学习者特点开发了一系列适合 MEP 的教学资源，如能促进语言理解、语言表达、人际沟通的学习手册，互动性强的课件、讲义、任务单等，作为学习的“支架”。例如，“历史与文化遗产”的社会实践为参观天津博物馆，教学团队通过与英方教师进行访谈，了解到英国学习者更适应博物馆任务式学习的方式，提前赴博物馆获取资料，拍摄实景照片制作了《天津博物馆任务单》，大大调动了学习者的积极性。二是为了让学习者能够深度沉浸式了解真实、立体、全面的中国，教学团队拍摄了 10 余个介绍天津城市文化特色的“真言真语”短视频，如“狗不理包子的传说”、“天津师范大学生态校园”等，让学习者在社会实践前提前了解相关的语言文化知识。“表达驱动”教学理论强调增强接近真实言语的多模态选择性输入①，在教学中大胆使用现实言语素材，带领学习者在表达中学表达，在实践中通过表达标记与再标记提升完善表达。该系列教学资源在未来可应用于 MEP 全部学校。

（五）评估机制精细

采用《大纲》倡导的“多维动态评价体系”进行项目考核评价。形成性评价包括课堂观察、课堂提问、学习者课堂表现自评、课堂汇报同伴互评、师生面谈、学习档案袋评价等；终结性评价设计情境化测评任务，如让中学生为中国旅游网站撰写景点介绍并作为导游与游客沟通，综合考查语言理解与表达能力、中国文化理解能力、跨文化交际能力等。

参考《大纲》课程评价内容，教学团队采取了形成性评价、终结性评价和外部评价相结合的方式对学习效果作出评定，从语言理解、语言表达、人际沟通、语言知识、语言技能 5 个维度进行考察。一方面，采用课堂观察、提问、小组讨论、思维导图绘制等方式进行形成性评价，根据学习者的反馈进行改进。以“学校生活”主题为例，参考《大纲》，教学团队将“人际沟通”中跨文化交际纬度考察设置为“与中国中学生讨论中英校园生活”的社

① 钟英华，励智，丁兰舒．“表达驱动”教学理念与国际中文教学资源建设 [J]．天津师范大学学报（社会科学版），2022，（06）：1-7.

会实践。另一方面，采取“我的中国之旅”短视频制作比赛作为终结性评价，鼓励学习者结合自身优势展示学习成效，如在视频中展示中文交际场景、海报制作过程、文化体验片段、社会实践收获等，最终组织全体师生投票并评出“最佳创意”、“最佳内容”等奖项。依托《大纲》中形成性评价中的“档案袋评价”，为每位学习者建立了“个人档案袋”，包括课堂行为观察表、课堂作品、课下作品、结业作品等材料，将评价贯穿到项目开展的全过程。

四、《大纲》应用于英国中文教育国际合作项目的效果评价及未来展望

本研究以MEP两个班26名学习者为研究对象，通过课堂观察、作业分析，非正式访谈等方式收集数据，检验《大纲》在MEP项目中应用的实践效果并对未来《大纲》的国别化落地实践提出展望。

（一）效果评价

1. 课程目标达成方面

《大纲》为MEP提供了清晰、具体的实践目标，不仅涵盖了语言知识和技能的提升，还强调了学习策略和文化意识的培养。在实际教学中，学习者普遍表现出较高的学习积极性和自主学习能力，这与《大纲》强调的目标高度契合。一是提高中文学习积极性，提升中文话语表达及文字表达能力。通过课堂观察，可发现学习者积极参与活动，课上任务完成率为100%。全部学习者均表示中文课很有意思，通过参与课堂活动提高了表达能力，提升了学习兴趣，学习者减弱了“中文难”的消极印象。一名学习者表示：“老师和语伴帮助我们更多地了解中国文化，更容易地学习普通话，现在我对普通话有了更好的理解，更加欣赏中文这种语言。”二是开阔国际视野。学习者通过沉浸式了解中国确定未来学习路径选择，将中文学习与个人发展联结。教师依托《大纲》组织的实践活动帮助学习者拓展了视野，看到了真实的中国。许多学习者在作为终结性评价的短视频中表示，未来要继续学习中文，参加HSK考试，来中国留学。一名学习者表示：“我以前不知道中国是这样的，很发达、生活便利，我永远不会忘记这次经历，希望有机会再回到天津学习。”

2. 课程内容适应方面

外部评价，指的是由处于课程实施主体范畴之外的评价主体，针对学习者的学习效果展开的评价活动。这一评价模式最为显著的特征便是评价主体

呈现多元化态势，涵盖了诸如校外专业评审机构、学习者家长群体等诸多来自不同领域、不同背景的参与者，他们各自凭借独特的视角，全方位、多维度地审视学习者的学习成效，进而为教育教学质量提供更为客观、全面且立体的反馈信息。教学团队邀请了 MEP 英方教学督导进行课堂观察并进行评价。督导认为，课程内容既涵盖了英国 GCSE 考试相关的知识点，又体现了中国的地方特色，教师将天津美食和城市地标经典融入了课堂交际活动，激发学习者的表达意愿。英方 MEP 项目管理人员说："中方教师选择了真正适合英国中学习者的教学方法，可以看出学习者被激发了表达兴趣，很享受学习中文的过程，这与 MEP 建立的初衷一致。年轻人掌握中文对于未来英国保持全球竞争力非常重要。"

3. 学习策略匹配方面

《大纲》强调塑造学习者积极的价值观，使他们获得心智的全面发展，与 MEP 的关键成果目标相匹配。依托《大纲》的情感策略，教师和中国伙伴在课上教学和课下实践中都注重鼓励学习者勇敢使用中文进行交际，创建安全宽容的教学环境，帮助学习者塑造了对中国积极的情感态度。26 名学习者均在反馈中表示，很感谢老师和中国伙伴的帮助，永远不会忘记这段经历。一名学习者表示："很感谢我的中国伙伴方同学，刚来的时候我很紧张，她帮了我很多，很友好，希望我们能保持联系，感谢天津师范大学的老师们对我的鼓励，感谢在这里遇到的每一个人。"

4. 中外教师联合方面

《大纲》作为一个标准化的教学指导文件，为中英教师提供了一个共同的教学框架和参考。中外教师可基于此框架共同探讨教学内容、教学方法以及学习者的学习需求，从而加强彼此之间的合作与协调，促进实践性知识的生成。实践性知识是教师在实践中获得的知识，难以复制、表达和讲授[①]。通过访谈，发现中外教师的合作不仅有助于教师们相互学习、共同进步，还能确保教学的一致性和连贯性，为学习者提供更加稳定和高效的学习环境。英方本土教师说："中英教师合作非常顺利，共享教学理念、共管课堂的方式值得推广，以后希望继续合作开展新的实践探索。"

---

① 王添淼．国际比较视角下的国际中文教师专业发展模式研究 [M]．北京：北京大学出版社，2022：165-166.

（二）未来展望

《大纲》可为国际中文教育合作项目教师提供指导和支持，帮助教师应对项目中的挑战。未来可通过开展专题培训和构建中外教师专业共同体进行师资赋能，在英国本土进行实践应用，促进中文教学高质量发展；还可对《大纲》进行国别化修订，以适应不同区域国别的中文教学需求。

1. 开展专题培训并构建中外教师专业共同体以进行师资赋能

一是开展专题培训。新时代海外本土中文师资培育需要多元主体共同参与，激发协同效能①。当前 MEP 教师培训并未涉及国际中文教育标准相关内容，未来可有针对性地邀请领域专家为 MEP 项目学校教师、外语教育负责人及国内承办校教师开展关于《大纲》的培训。通过培训，教师可以深入了解《大纲》的教学理念、目标和方法，从而更好地将其应用于 MEP 课程大纲的编排、教学实践和教学资源的编写中，促进标准在英国落地和对接。二是构建中外教师专业共同体。教师专业共同体能促进教师在实践中发现问题，是国际中文教师专业发展的必由之路②。中外协作开展中文教学是促进《大纲》落地的有效措施。在本次教学实践中，中外教师共同进行教学研讨、反思，优势互补，联通融合，取得了良好的教学效果。建议未来中外教师在来华夏令营开展前组建实践共同体，加强沟通协作，共同促进国际中文教学创新，提升教学效率。

2. 开展《大纲》国别化修订以适应不同区域国别中文教学需求

未来如顺应海外需求，开展《大纲》的国别化修订，应充分考虑目标国家的语言政策、外语教育理念、教育体系、文化及学习者的具体需求。一是可深度调研目标国基础教育阶段的中文教育标准，梳理学段划分、课时分配、评估方式的兼容性，明确本土课程目标与《大纲》的能力指标对应关系，进行课程目标描述本土化。二是通过对本土教材进行分析，对本土教师进行调研，将《大纲》中的主题、话题、语句、词汇、语法点、文化点示例进行本土化内容替换或补充，实现课程内容本土化改造。三是通过参考本土评价侧重内容调整不同维度所占比重，进行课程评价本土化调整。

---

① 汪敏锋．新时代海外本土中文教师的协同培养研究［J］．语言文字应用，2024，（01）：46-55.

② 王添淼、任喆《学习共同体视域下汉教硕成长的叙事研究——以海外汉教硕志愿者教师为例》，《辽宁师范大学学报（社会科学版）》2022 年第 6 期，第 1-7 页。

五、小结

在新时代背景下，国际中文教育研究的蓬勃发展迫切要求构建更完善的标准体系，并强化标准在本土实践中的应用。本研究指出了《大纲》的引入能够助力 MEP 解决挑战，推动国际中文教育标准与英国本土实践进行深度联结，并提出了《大纲》应用的具体路径。通过实践探索，发现《大纲》的应用对学习者来说，显著提升了中文表达能力，塑造了积极的中文学习态度，激发了学习兴趣，为未来发展打开了更广阔的空间。本次实践探索虽取得了一些成效，但还存在一些局限，如教学实践是在中国本土环境中开展的。未来可采取开展专题培训并构建中外教师专业共同体以进行师资赋能，开展《大纲》的国别化修订以满足不同地区的中文教学需求，进一步推进《大纲》在海外中文教学一线的应用实践。通过这些努力，期望能够进一步评价并提升《大纲》的应用价值，作为借鉴更好应用于区域国别中文教学。

第五章　英国中文教学资源发展

新时代，随着中文纳入英国国民教育体系的广度和深度不断加强，教学资源建设成为英国中文教师关注的重点。教学资源作为支撑语言教学活动的核心要素，与教学效果和学习体验直接相关。当英国中小学中文学习者不断增加，适配本土教学需求、融合多元文化特色、兼具实用性与趣味性的教学资源体系，成为推动中文教育持续发展的“刚需”。从纸质教材到数字化学习平台，从标准化课程设计到个性化教学素材，英国中文教学资源的发展既承载着传播中文语言文化的使命，也面临着与本土教育生态深度融合的挑战。

近年来，英国中文教学资源建设虽取得了一定成果，但仍存在诸多亟待解决的问题。一方面，随着中文教育在英国的覆盖范围不断扩大，现有教学资源在数量和种类上难以满足多样化的教学场景需求。另一方面，教学资源的质量参差不齐，部分教材内容陈旧，缺乏时代性，难以激发学生的学习兴趣；数字化资源则存在功能单一、互动性不足等问题，无法充分发挥信息技术在语言教学中的优势。此外，资源的本土化适配程度也影响着教学效果，如何将当代中国国情和中华优秀传统文化元素与英国学生的认知习惯、生活经验相结合，避免“水土不服”，成为教学资源建设必须攻克的难关。

面对这些现实困境，对英国中文教学资源发展状况进行系统性梳理，并提出针对性建议，具有重要的现实意义。而通过个案研究深入剖析具体教学资源的应用效果，能够为资源建设提供更具实操性的参考。本章节将围绕英国中文教学资源的发展展开深入探讨。第一节将系统分析英国中文教学资源的发展现状，全面梳理现存问题，并从政策支持、资源开发、技术应用等维度提出切实可行的发展建议；第二节则以《走遍中国》为研究对象，通过收集英国中文教师的评价，深入剖析这部教材在英国中文教学中的应用效果，总结经验教训，为未来教学资源的开发与优化提供借鉴。通过宏观分析与微观案例相结合的方式，力求全面展现英国中文教学资源的发展全貌，为推动英国中文教育高质量发展提供有益参考。

第一节 英国中文教学资源发展[①]

2022年是中英建立大使级外交关系50周年，中国与英国的关系不断向前发展，双方政治、经济、文化、教育等各领域合作进一步深化。在中英双方政府的支持下，英国中文教育规模持续扩大，中文教学资源成果日益丰富。本文通过自建数据库系统梳理了英国中文教学资源早期和当代的发展情况，分析了目前英国中文教学资源发展存在的问题并提出了相应的建议，有助于进一步了解英国中文教育全貌，完善区域国别中文教育研究体系，推进英国中文教育的可持续发展。

教学资源是国际中文教育的重要组成部分，马箭飞等对全球中文教学资源进行了全面普查后发现全球共有纸质中文教材19530种，其中中国出版的纸质中文教材品种十分丰富，国别化、语别化教材较少。除少数发达国家之外，绝大多数国家本土化教材仍然缺乏。[②] 国内外学者对英国中文教育的发展情况进行了一系列研究，Teresa Tingsly和Kathryn Board对英国四个地区中小学的中文教育情况进行调研，提出了阻碍英国中文教育发展的几大因素。[③] 方环海和林馨对英国汉学家著作的早期代表性中文教材进行了分析，探索英国汉学对汉语词类范畴特征的认知过程。[④] 张新生和李明芳对英国中文教育近几年的

---

① 本文参考并引用自：于泓珊，张新生．英国中文教学资源发展研究［J］．云南师范大学学报（对外汉语教学与研究版），2022，20（05）：42-52.

② 马箭飞，梁宇，吴应辉，马佳楠．国际中文教育教学资源建设70年：成就与展望［J］．天津师范大学学报（社会科学版），2021（06）：15-22.

③ Teresa Tinsley, Kathryn Board. The Teaching of Chinese in the UK[EB/OL](2014-08-01)[2023-12-10]. https://www.britishcouncil.org/sites/default/files/alcantara_full_report_jun15.pdf.

④ 方环海，林馨．英国汉学中的汉语词类特征研究——以艾约瑟《汉语官话口语语法》与萨默斯《汉语手册》的对比研究为例［J］．国际汉语教学研究，2015（03）：88-96.

发展情况进行了初步述评，提出英国中文教育面临的最大挑战是可持续发展问题。[①] 施正宇和韩澍芃从《泰晤士报》（1785—1911）所刊登的相关报道入手，梳理并探讨了英国部分大学及民间组织汉语教学兴起与发展的基本脉络。[②③] 已有研究大多关于英国中文教育宏观发展或微观"三教"具体问题研究，聚焦英国中文教学资源发展历程的研究处于学术缺位状态。

一、发展背景

（一）外语教育政策为中文进入国民教育体系提供条件

英国由英格兰、苏格兰、威尔士和北爱尔兰四个地区组成，实行地区自治的教育体制。英国《1988 年教育改革法》（*Education Reform Act 1988*）将《国家课程大纲》（*National Curriculum*）引入了英格兰、威尔士和北爱尔兰地区。该法案将英国的基础教育义务教育（5—16 岁）分为 4 个关键阶段（Key Stage，KS）。

以英格兰为例：第一关键阶段 KS1 为 5—7 岁（小学 1—2 年级）；第二关键阶段 KS2 为 7—11 岁（小学 3—6 年级）；第三关键阶段 KS3 为 11—14 岁（中学 7—9 年级）；第四关键阶段 KS4 为 14—16 岁（中学 10—11 年级）。第五关键阶段 KS5 为 16—18 岁，不属于义务教育阶段。

英格兰、威尔士和北爱尔兰的学生应在 11 年级结束前参加 GCSE 考试，在第五关键阶段参加"普通教育高级程度证书"考试（General Certificate of Education Advanced Level，简称 A-Level 考试）。

英国各个地区外语教育政策不同。在英格兰，现代外语在中学第三关键阶段为法定必修科目，在第四关键阶段则为选修科目，在 GCSE 考试中并不是必考科目。2014 年 9 月起外语成为小学第二关键阶段的必修科目。威尔士实施"双语（英语和威尔士语）+1 门外语"的语言教育政策，现代外语在中

---

① 张新生，李明芳．英国中文教育近年发展情况述评．[J]．国际汉语教学研究，2022，（1）：4-14+25.

② 施正宇，韩澍芃．近代英国汉语教学的兴起与发展（上）——从《泰晤士报》（1785—1911）说起 [J]．国际汉语教学研究，2022（1）：87-96.

③ 施正宇，韩澍芃．近代英国汉语教学的兴起与发展（下）——从《泰晤士报》（1785—1911）说起 [J]．国际汉语教学研究，2022（02）：87-96.

学第三关键阶段为必修科目，在第四关键阶段为选修科目。[①] 在北爱尔兰，外语目前只有在中学第三关键阶段是必修科目。苏格兰实施“语言教育 1+2 战略”，外语在中学 1–3 年级为必修科目。

综上所述，在英国四个地区，外语在第三关键阶段均为法定必修科目，英国政府对于现代外语的选择没有强制性要求，学校可以根据自身的情况和学生的需求选择开设哪种外语课程，[②] 这为中文进入国民教育体系提供了条件。

（二）孔子学院配合地区外语教育政策推动中文教学资源发展

在外语教育方面，英国长期落后于其他欧洲国家。2004 年 9 月，英格兰地区的现代外语在 GCSE 考试中被改为选修科目，从那时起，选择在第四关键阶段学习外语并参加 GCSE 外语考试的学生人数开始大幅度下降。[③] 然而，2015 年习近平主席访问英国，开启了中英关系的“黄金时代”，英国领导人和政府开始大力推动中文教育的发展，这也推动了英国中文教学资源的建设。

2016 年英国教育部发起了为期五年的“中文培优项目”（Mandarin Excellence Programme，简称 MEP 项目）。截至 2020 年 4 月，英格兰地区有 76 所中学 7000 多名学生在此项目下开始了中文学习。截至 2021 年 9 月，参与 MEP 项目的学生人数达到 8000 人，目前该项目已经确定将延长至 2024 年。“中文培优项目”由伦敦大学学院教育学院孔子学院（简称 IOE 孔子学院）和英国文化教育协会（British Council，简称 BC）共同实施。该项目建立了英格兰最大的中小学在线数字中文教学资源库，包含形态丰富的数字教学资源。

为了应对不断减少的外语学习人数，威尔士政府于 2015 年 12 月发布了名为《全球未来—威尔士现代外语 2015–2020 促进计划》（*Global Futures: A Plan to Improve and Promote Modern Foreign Languages in Wales 2015-2020*）

---

① British Council. Language Trends Wales 2021-Language teaching in secondary schools and post-16 colleges[EB/OL]. (2021-08-01) [2023-12-10]. https://wales.britishcouncil.org/sites/default/files/language_trends_wales_report_2021.pdf.

② Robert Long, Shadi Danechi, Philp Loft. Language teaching in schools[EB/OL]. (2020-01-01) [2023-12-10]. https://researchbriefings.files.parliament.uk/documents/CBP-7388/CBP-7388.pdf.

③ Ofsted. Curriculum research review series: languages[EB/OL]. (2021-07-01) [2023-12-10]. https://www.gov.uk/government/publications/curriculum-research-review-series-languages/curriculum-research-review-series-languages#fn:5.

的外语教育战略，采取了一系列措施促进外语教育并取得了初步成果。威尔士地区的孔子学院是该项计划的合作伙伴。目前威尔士三个孔子学院与 50 所中小学开展合作，孔子课堂的数量从 2015 年的 11 个增加到 2019 年的 19 个。①威尔士的外语教育政策也丰富了以威尔士语为教学语言的中文教学资源建设，2022 年 3 月威尔士三一圣大卫孔子学院推出了首个面向威尔士语学习者的中文网络课程“生存汉语”（*Survival Chinese, Welsh Medium Online Course*）。2020 年班戈大学孔子学院也在线开设了面向公众的汉语会话和 HSK 初级公开课。

苏格兰政府在 2011 年提出“语言教育 1+2 战略”，即除了母语之外，每个学生还应学习两种外语，小学一年级开始有机会学习第一门外语，五年级开始学习第二门外语，中文在备选外语之中。苏格兰中小学孔子学院在苏格兰国家语言中心（Scotland’s National Centre for Languages，SCILT）的战略指导下积极开展中文教学工作，截至 2018 年已经在苏格兰各地建立了 46 个孔子课堂，在苏格兰 21 个行政区 409 所学校开展中文教学。苏格兰中小学孔子学院积极研发本土中文教学资源，建立了在线中文教学资源库。②

北爱尔兰政府 2012 年发布了《面向未来的语言—北爱尔兰语言战略》（*Language for the Future—Northern Ireland Languages Strategy*），该战略没有规定外语为小学阶段的必修语言，而是提出了相关建议：“学生应在早期教育阶段尽可能地拥有学习除母语外的两种语言的机会，所有中学生都应该在整个中学阶段学习一门英语以外的语言。③奥斯特大学孔子学院是北爱地区唯一一家孔子学院，与北爱尔兰地区 160 所大中小学开展合作④，面向整个北爱尔兰地区开展中文教学及中国文化传播活动。奥斯特大学孔子学院教师授课大多使用自制的中文教学资源，通过教学资源建设讲好中国故事。

---

① Welsh Government. Global Futures 5-year summary report 2015-2020[EB/OL].(2020-12-01)[2023-12-10].https://gov.wales/sites/default/files/publications/2020-12/global-futures-5-year-summary-report-2015-2020.pdf.

② Confucius Institute for Scotland's Schools: https://www.strath.ac.uk/humanities/confuciusinstituteforscotlandsschools/.

③ Northern Ireland Languages Strategy[EB/OL].(2012-09-18)[2023-12-10].https://www.education-ni.gov.uk/sites/default/files/publications/de/languages-for-the-future.pdf.

④ 中国驻贝尔法斯特总领事馆：http://belfast.china-consulate.gov.cn/chn/zlghd/202202/t20220202_10638301.htm.

（三）中文测试标准的建立引领中文教学资源发展

课程标准是当前海外中文教育标准体系的主体部分。英国中等教育目前执行的是中文测试标准。[①]英国的 GCSE 考试由不同的考试局分别组织进行，每个考试局制定自己的考试大纲、编写考题并开发相应的教学资源。目前英国 GCSE 中文考试由英国资格评估与认证联合会（简称 AQA 考试局）和英国培生爱德思国家职业学历与学术考试机构（简称 Edexcel 考试局）组织。苏格兰地区的中学中文考试由学历管理委员会（简称 SQA 委员会）组织。

AQA 考试局和 Edexcel 考试局于 2017 年分别发布了《AQA 英国 GCSE 普通中等教育证书中文考试大纲》和《Edexcel 英国 GCSE 普通中等教育证书 9–1 中文普通话 / 粤语考试大纲》。Edexcel 考试局还同时发布了《Edexcel 英国 A–Level 普通教育高级程度证书中文考试大纲》。英国中等教育阶段中文测试标准的建立引领了中文教学资源的发展，两个考试局分别出版了一系列考试配套的本土中文教材并建立了相关的数字教学资源库[②③]。

二、早期发展情况

（一）汉学家的著作为英国本土中文教材发展奠定了坚实的基础

据统计，从 16 世纪到 1924 年西方研究汉学的学者共有 7737 人，曾经发表或出版 20 篇 / 部以上著作者 113 人，其中英国汉学家 37 人。[④]19 世纪的大量传教士、外交官和商人是英国中文教学的先锋力量，他们编写了许多早期的中文教材，为英国中文教学资源发展奠定了基础。这些中文教学资源主要包括汉语教科书、汉语语法和汉英词典等工具书。

通过网络查询共收集 19 世纪初期到 20 世纪上半叶汉学家编撰的教材 78 种，其中综合类教材 22 种、工具书 25 种、语法教材 9 种、口语教材 8 种、汉字教材 7 种、语音教材 2 种、文化阅读类教材 5 种。

---

① 梁宇，王祖嫘，邵亦鹏．基于数据库的海外中文教育标准体系建设研究 [J]．天津师范大学学报（社会科学版），2022（01）：14-20.

② AQA GCSE Chinese Teaching resources: https://www.aqa.org.uk/subjects/languages/gcse/chinese-spoken-mandarin-8673/teaching-resources.

③ Pearson Edexcel GCSE Chinese Teaching and Learning Materials: https://qualifications.pearson.com/en/qualifications/edexcel-gcses/chinese-2017.coursematerials.html#%2FfilterQuery=category:Pearson-UK:Category%2FTeaching-and-learning-materials.

④ 阚维民．剑桥汉学的形成与发展 [J]．国际汉学，2004（01）：192-218.

（二）英国早期汉学家及代表性中文教材

罗伯特·马礼逊（Robert Morrison，1782–1834）是第一位来中国的西方新教传教士，他是 19 世纪英国汉学家中的先锋人物。马礼逊在 1815 年出版了一本以英语语法系统为构架的语法教材《通用汉言之法》（A Grammar of the Chinese Language），这是第一部英文版汉语官话口语语法著作，也是马礼逊唯一的一部汉语语法著作。他编撰的《华英字典》（*A Dictionary of the Chinese Language, in Three Parts*）是中西历史上第一部公开出版的英汉对照字典。[①] 整部《华英字典》富含中国历史、文化、政治、宗教、习俗等方面的内容，堪称一部中西文化的百科全书。[②]1825 年，罗伯特·马礼逊在伦敦创办研习所，开始教授中文，成为英国历史上第一位中文教师。[③] 伦敦东方语言学校（London Oriental Institution）[④] 也成为英国历史上第一个招收学生专门教授中文的语言学校。马礼逊和外交官托马斯·斯当东（Sir George Thomas Staunton，1781–1859）合作促进了英国大学第一个中文教席的建立。伦敦大学学院在 1837 年设立了中文教席，牧师萨缪尔·基德（Samuel Kidd，1804–1843）成为了英国历史上大学中第一位中文教授，任期 5 年。[⑤] 马礼逊之后还有大量的英国传教士、外交官和学者投身汉学研究，出版了大量中文教材，对英国中文教材发展起到了不可替代的作用。

艾约瑟（Joseph Edkins，1823–1905）在 1853 年和 1857 年分别编写了两本语法书《上海口语语法》（*A Grammar of Colloquial Chinese: as Exhibited in the Shanghai Dialect*）和《汉语官话口语语法》（*A Grammar of the Chinese Colloquial Language, Commonly Called the Mandarin Dialect*）（Joseph Edkins 主编，1857 年）。《汉语官话口语语法》达到了这一阶段语法研究的巅峰，这本教材首次提出南京官话、北京官话和西部官话的划分及语音拼写情况，比以往的任何教材内容都详细，针对马礼逊语法教材中的缺陷对汉语短语进行了详细分析、探讨了词语之间的外部关系并深入探讨了汉语的独特性。[⑥]

---

① 张西平．西方人早期汉语学习史的研究初论 [J]．海外华文教育，2001（04）：12-22.

② 谭树林．《华英字典》与中西文化交流 [J]．中华文化论坛，2003（01）：143-146.

③ 赵杨．英国中学汉语教学现状与制约因素 [J]．海外华文教育，2009（03）：45-51.

④ 谭树林．马礼逊与中西文化交流 [M]．杭州：中国美术学院出版社，2004：224.

⑤ 熊文华．英国汉学史 [M]．北京：学苑出版社，2007：251-252.

⑥ 岳岚．晚清时期西方人所编汉语教材研究 [D]．北京外国语大学，2015.

威妥玛（Thomas Francis Wade，1818–1895）是剑桥大学任命的第一位汉学教授，也是剑桥汉学的创始人。他在1867年担任外交官时为公使馆翻译学生撰写了北京官话口语教材《语言自迩集》（Yü-yen Tzŭ-erh Chi），成功发展了用拉丁字母拼写汉字的方法，一般称作“威妥玛拼音”或“威妥玛式”（Wade System），成为中国地名、人名及事物名称外译之译音标准。[①] 威妥玛还为外交官编写了《文件自迩集》，全书是实用性很强的中文教材，包括75篇公文、信件、公牍等。威妥玛的学生翟理斯（Herbert Allen Giles，1845–1935）后来在编写《华英字典》（A Chinese–English Dictionary）（Herbert Allen Giles主编，1892年）时对“威妥玛拼音”加以修订和简化，形成了“威妥玛—翟理斯式”拼写法（Wade–Giles Spelling）。除了《华英字典》以外，翟理斯还编写《汉言无师自明》（Chinese Without a Teacher）（Herbert Allen Giles主编，1872年）《百个最好的汉字》（The Hundred Best Characters）（Herbert Allen Giles主编，1919年）等中文教材。《汉言无师自明》是一本速成类的中文教材，淡化语法观念，强调实际应用，[②]

詹姆斯·萨默斯（James Summers，1828–1891）是伦敦国王学院的第二位中文教授，于1852年就职。他在1853年出版了自己的第一部中文教学相关作品《中国语言与文字讲稿》（*Lecture on the Chinese Language and Literature*）（James Summers主编，1853年），随后在1863年和1864年相继出版了《汉语手册》（A Handbook of the Chinese Language）（James Summers主编，1863年）和《中文基础》（The Rudiments of the Chinese Language:with Dialogues, Exercises, and a Vocabulary）（James Summers主编，1864年）。萨默斯的《中文基础》可以看作是英国国别化本土教材的雏形，为今后的国别化教材的编写及对外汉语教学提供思路上的历史思考向度。[③]

1840年鸦片战争后，不平等条约的签订使外国人扩大了在中国的活动范围，为他们的中文学习提供法律上的保障。很多外国传教士、商人、医生和外交人员进驻到五个通商口岸并编写了大量方言教材。[④] 艾约瑟（Joseph

① 张德鑫．威妥玛《语言自迩集》与对外汉语教学［J］．中国语文，2001（05）：471-474.

② 于锦恩．民国时期汉语国际传播研究［M］．北京：中国社会科学出版社，2021

③ 林馨，刘殊墨，张洁琳，方环海．英国汉学中汉语国别化教材初探——萨默斯《中文基础》（1864）述评［J］．海外华文教育，2012（04）：426-434.

④ 岳岚．晚清时期西方人所编汉语教材研究［D］．北京外国语大学，2015.

Edkins）编写的《上海口语语法》是第一部西方来华传教士所编写的汉语方言语法专著。麦都思（Walter Henry Medhurst，1796–1857）编写的《福建方言字典》(A Dictionary of the Hok–kë è n Dialect of the Chinese Language)(Walter Henry Medhurst 主编，1832 年）是西方人研究福建方言的第一部著作。罗伯聃（Robert Thom，1807–1846）的《华英说部撮要》（The Chinese Speaker）（Robert Thom 主编，1846 年）是首部为外国人编撰的北京话口语教材。值得一提的是，在这一时期还出版了一本专门用途教材《医学英华字释》（A Medical Vocabulary in English and Chinese）（Hobson Benjamin 主编，1858 年），由马礼逊的女婿合信医生（Hobson Benjamin，1816–1873）编写，这本书是最早的英汉医学术语辞典。

1924 至 1929 年，老舍先生在伦敦大学亚非学院任教时，曾参与编写了世界上最早的多媒体中文教材《言语声片》（Linguaphone Oriental Language Courses: Chinese）。教材全部配套音频均由他本人录制。

综上所述，19 世纪初到 20 世纪上半叶大量传教士、外交官和学者来到中国，在各种目的驱动下编写了多种类别内涵丰富的汉语教材（表 5—1），大多采用中外合作的编写方式，也经历了不断成熟发展的过程，为当代英国中文教学资源建设奠定了坚实的基础，也值得现代国际中文教育本土教材编写借鉴。

表5–1　英国早期代表性本土中文教材

名称	编者	出版社	出版年	类别
《中国言法》（Elements of Chinese Grammar）	马什曼 Joshua Marshman	塞兰坡传教出版社（Serampore: Printed at the Mission Press）	1814	语法
《通用汉言之法》（A Grammar of the Chinese Language）	马礼逊 Robert Marrison	塞兰坡传教出版社（Serampore: Printed at the Mission Press）	1815	语法
《上海口语语法》（A Grammar of Colloquial Chinese: as Exhibited in the Shanghai Dialect）	艾约瑟 Joseph Edkins	上海美华书馆（Shanghai: Presbyterian Mission Press）	1853	语法
《汉语手册》（A Handbook of the Chinese Language）	詹姆斯・萨默斯 James Summers	牛津大学出版社（Oxford: University Press）	1863	语法

（续表）

名称	编者	出版社	出版年	类别
《语言自迩集》（Y ü -yen Tzŭ-erh Chi）	威妥玛 Thomas Francis Wade	伦敦特吕布纳出版社（London:Trubner）	1867	综合
《福建方言字典》（A Dictionary of the Hok-këè n Dialect of the Chinese Language）	麦都思 Walter Henry Medhurst	澳门英国东印度公司出版社（Macao: the Honorable East India company's press）	1832	工具书
《华英字典》（A Dictionary of the Chinese Language, in Three Parts）	马礼逊 Robert Morrison	澳门英国东印度公司出版社（Macao: the Honorable East India company's press）	1815	工具书
《言语声片》（Linguaphone Oriental Language Courses: Chinese）	卜道成、叶女士、老舍 J. Percy Bruce, E.Dora Edwards, Chien Chun Shu	英国灵格风语言中心（Linguaphone Institute）	1924-1929	综合

三、当代发展情况

中文已在各阶段全面纳入了英国国民教育体系，随着 GCSE 中文考试大纲的发布、“中文培优项目”的成功实施、开设中文课程的高校越来越多以及孔子学院不断壮大，在过去的 20 年里，英国本土中文教学资源建设取得了一定成果。通过自建数据库，共收集到 1980—2022 年 3 月英国正式出版的本土中文教材 201 种，其中基础教育阶段的中文教材 127 种，高等教育阶段中文教材 61 种，自学类中文教材 13 种。从出版时间上来看，1982—2000 年出版本土中文教材 3 种，2001—2010 年出版 67 种，2011-2021 年出版 124 种，2022 年 1—3 月出版 7 种，呈持续上升趋势。

（一）基础教育阶段

1. 开发情况

如表 5—2 统计数据所示，基础教育阶段正式出版的本土中文教材中纸质教科书最多，纸质教辅次之，数字教材较少。需要说明的是，109 种纸质教科书和教辅中 47 种教材配套了音频教学资源，6 种教材出版了电子书版本。按教学层次划分，初中教材最多，小学和高中其次，幼儿园最少，这也和英国外语教育政策相一致，每个教学层次均有正式出版的以及未出版的数字教学资源。按照学习者水平划分，初级教材最多，中级教材次之，高级教材最少。按照教学用途划分，通用型教材最多，应试型教材次之，专门用途教材最少。统计表明，71种应试型教材中GCSE中文考试教材最多，IGCSE中文考试和A Level中文考试紧随其后，IB国际文凭考试和剑桥Pre-U考试本土教材最少。

表5-2　基础教育阶段正式出版的本土中文教材

教材性质		教材数量（种）	百分比
纸质教科书		62	49%
纸质教辅	教师用书	18	37%
	练习册	22	
	汉字挂图	1	
	工具书	4	
	答案册	2	
数字资源	多媒体教学资源	15	14%
	CD音频	3	

中文大纲的发布促进本土教学资源发展。Edexcel考试局于2003年开始举办GCSE中文考试，2008至2009年发布了GCSE中文考试大纲，出版配套教材《英国初中标准中文》（Edexcel GCSE Chinese Student Book）。该教材是目前IOE孔子学院的前身英国专长学校联合会孔子学院与英国培生教育集团合作出版，曾在2010年第五届孔子学院大会上获“优秀国际汉语教材”奖。Edexcel考试局于2017年发布GCSE新版中文大纲并出版了新版配套教材。2017年的新版教材仍然由IOE孔子学院和培生教育集团合作出版，中外汉语教师合作编写，覆盖了新大纲的全部内容。①AQA考试局也于2017年发布GCSE中文考试新大纲并对在新大纲下出版的中文教材进行了认证（表5—3）。

表5-3　英国考试局出版或认证的GCSE考试中文教材

名称	编者	出版社	出版年
《英国初中标准中文》（Edexcel GCSE Chinese Student Book）	Ian Hua Yan, Linying Liu, Michelle Tate, Lisa Wang, Yu Bin and Xiaoming Zhu	培生集团（Pearson）	2009

① Edexcel GCSE Chinese: https://www.pearsonschoolsandfecolleges.co.uk/secondary/subjects/modernlanguages/edexcel-gcse-9-1-chinese/edexcel-gcse-chinese-9-1-student-book-new-edition-1#productsL

（续表）

名称	编者	出版社	出版年
《英国初中标准中文教师用书》（Edexcel GCSE Chinese Teacher's Guide）	Michelle Tate	培生集团（Pearson）	2010
《英国初中标准中文9–1学生用书新版》（Edexcel GCSE Chinese [9–1] Student Book New Edition）	Hua Yan, Linying Liu, Michelle Tate, Lisa Wang, Yu Bin and Xiaoming Zhu	培生集团（Pearson）	2017
《英国初中标准中文教师用书新版数字资源》（Edexcel GCSE Chinese Teacher's Guide [Digital] New Edition Copy）	Hua Yan, Linying Liu, Michelle Tate, Lisa Wang, Yu Bin and Xiaoming Zhu	培生集团（Pearson）	2017
《英国普通中等教育证书中文考试教科书1》（AQA GCSE Chinese Textbook 1）	William Minter, Leah Russell	Dragons Teaching出版社	2016
《英国普通中等教育证书中文考试练习册1》（AQA GCSE Chinese Workbook 1）	William Minter, Leah Russell	Dragons Teaching出版社	2016
《英国普通中等教育证书中文考试教科书2》（AQA GCSE Chinese Textbook 2）	William Minter, Leah Russell	Dragons Teaching出版社	2018
《英国普通中等教育证书中文考试练习册2》（AQA GCSE Chinese Workbook 2）	William Minter, Leah Russell	Dragons Teaching出版社	2018

基础教育阶段其他代表性本土中文教材包括《英国中文初中会考写作复习指南》（GCSE Chinese Writing Revision Guide）（Kan Qian, Alice Webb 等主编，2018 年）、《英国高中补充会考中文（简体）》（Chinese for AS [Simplified characters]）（Xiaoming Zhang, Eileen Lee 主编，2019 年）、《进步》（Jin Bu）（Xiaoming Zhu, Yu Bin 主编，2010 年）和《快乐汉语》（李晓琪主编，2003 年）等。《快乐汉语》是原国家汉办与英国文化教育协会的合作项目，也曾在 2010 年第五届孔子学院大会上获"优秀国际汉语教材"奖。该教材已经获得授权在英国本土出版。基础教育阶段教材还包括剑桥大学出版的国际中学教育普通证书考试（简称 IGCSE）系列教材如《剑桥 IGCSE 中文作为外语课本》（Cambridge IGCSE Mandarin as a Foreign Language Coursebook）（Martin Mak, Xixia Wang 等主编，2017 年）和霍德集团出版的国际文凭大学预科课程

（简称 IBDP）教材《国际文凭预科课程中文作第二语言（第二版）》（Mandarin B for the IB Diploma Second Edition）（Yan Burch 主编，2019 年）

2. 使用情况

英国国家课程大纲对教材的使用没有强制规定，中小学教师选用教材较为灵活，小学阶段的中文教师大多自编教材准备教学内容。中学阶段多使用英国本土编写的中文教材及中国编写的教材。英格兰、威尔士和北爱尔兰地区的中小学大多选用《进步》《快乐汉语》《轻松学汉语》（Chinese Made Easy）（Yamin Ma 主编，2015 年）《HSK 标准教程》（HSK Standard Course）（姜丽萍主编，2014 年）《YCT 标准教程》（YCT Standard Course）（金飞飞，王蕾等主编，2015 年）以及其他自编教材。苏格兰地区的中小学教师大多选用《HSK 标准教程》和自编教材。

英国基础教育阶段的中文教师数字教学环境总体较好，教室有智能设备和网络，几乎所有教师都会自制多媒体 PPT 课件进行教学。新冠疫情暴发后，教学资源总体在经历从单一的纸质教材向多元化数字资源转变的过程。中小学教师会应用中文教学网站和 APP 开展教学，或者利用这些辅助网站制作数字资源辅助教学，包括视频资源、慕课、在线练习、在线作业和数字教材等，常用网站如油管 YouTube、BBC 英国广播公司中文学习网、主席日报（The Chairman’s Bao）在线中文学习平台、Quizlet 和 Padlet 等线上中文学习工具。

（二）高等教育阶段

1. 开发情况

通过自建数据库，搜集到英国高等教育阶段正式出版的本土中文教学资源 61 种，其中纸质教科书 33 种，纸质教辅 15 种，纸质工具书 9 种，数字资源 1 种（表 5-7-4）。60 种纸质教材中，有 33 种教材配备了配套音频，约占比 54%。大学的本土中文教材有 7 个系列，如外语教学与研究出版社与英国麦克米伦公司联合研发并出版的《走遍中国》（Discover China）系列教材、英国开放大学阚茜博士编写的《汉语口语》（Colloquial Chinese）（Qian Kan 主编，2021 年）系列教材、英国伦敦理启蒙大学张新生教授编写的《步步高中文》（Chinese in Steps）系列教材、英国外交官学习使用的《信心汉语》（Confidence Chinese）（Tong Yan 主编，2007 年）系列教材等。其中，《步步高中文》在 2010 年第五届孔子学院大会上获“优秀国际汉语教材”奖。

高等教育阶段的本土中文教材通用型教材有 43 种，专门用途教材有 11 种。

专门用途教材集中在商务和旅游两个领域，包括《步步高商务汉语》（Chinese for Business Leaders）（Linda M. Li, Yi Yang 等主编，2018 年）《高级商务汉语》（Advanced Business Chinese）（Linda M. Li 主编，2007 年）系列教材以及《商务汉语必学话题 20 课》（Business Chinese 20 Essential Topics）（Yinghong Huang, Carrie Wei 主编，2017 年）《中国商务文化——怎样与中国人做生意》（When in China: A Guide to Chinese Business Culture—New Edition）（卢红主编，2015 年）《为中国准备好！酒店及旅游汉语》（China Ready! Chinese for Hospitality and Tourism）等单本教材。2021 年出版的《为中国准备好！酒店及旅游汉语》是英国市场上第一种面向旅游行业服务中国游客的中文教材。同年出版的文化类教材《社会视角》（Social Perspectivc:An Intermediate—Advanced Chinese Course: Volume I）是面向中高级学生通过探索当代中国社会现象来进行语言教学的教材。

英国汉语教学研究会（British Chinese Language Teaching Society，简称 BCLT）成员编写了大量高等教育阶段的本土教材，以伦敦大学亚非学院佟秉正先生（P.C. T' ung）和大卫·卜立德教授（D.E. Pollard）编写的《汉语口语》（Colloquial Chinese）为代表，该教材于 1982 年由 Routledge 出版社首次出版，在伦敦大学亚非学院中文专业沿用至今。《汉语口语》将多种教学理念融会贯通，对英国中文教学资源建设有深远的影响，目前英国 GCSE 和 A-level 中文考试大纲以及《步步高中文》都采用了佟秉正先生《汉语口语》的句型教学体系。英国大学中文系教师还出版了一系列自学类教材，如伦敦大学亚非学院宋连谊教授的《自学—中文读写》（*Read and Write Chinese Script Teach Yourself*）（Song Lianyi 主编，2010 年）。

表5-4　英国高等教育阶段代表性本土教材

类型	名称	编者	出版社	出版年	编者所在学校
教科书	《汉语口语》（Colloquial Chinese）	佟秉正P.C. T' ung, 卜立德 D.E.Pollard	劳特利奇出版社 Routledge	1983	伦敦大学亚非学院
教科书	《走遍中国学生用书》（Discover China Student' s Book）	丁安琪Ding Anqi, Lily Jing, Xin Chen	麦克米伦出版社Macmillan Education	2010	华东师范大学

（续表）

类型	名称	编者	出版社	出版年	编者所在学校
教科书	《步步高中文》第一册第一版（Chinese in Steps Student Book Vol.1 Edition 1）	张新生George X. ZHANG，李明芳Linda LI，宣力Lik Suen	常青图书 Cypress Books	2005	英国伦敦理启蒙大学
教科书	《自学—完全中文 初级-中级》（Complete Mandarin Chinese Beginner to Intermediate Course）	庞朝霞Zhaoxia Pang, Ruth Herd	自学Teach Yourself	2021	伦敦大学亚非学院
教科书	《汉语口语—初学者汉语完全课程》（Colloquial Chinese—The Complete Course for Beginners）	阚茜Qian KAN	劳特利奇出版社 Routledge	2021	英国开放大学
教科书	《为中国准备好！酒店及旅游汉语》（China Ready! Chinese for Hospitality and Tourism）	项骅Catherine Hua Xiang，王暄Xuan Lorna Wang	劳特利奇出版社 Routledge	2021	伦敦政经大学
教科书	《社会视角》（Social Perspective：An Intermediate—Advanced Chinese Course）	宁夷Yi Ning，邵伟Wei Shao，Zhengrong Yang，Esther Tyldesley	劳特利奇出版社 Routledge	2021	卡迪夫大学 利兹大学
工具书	《牛津初学者中文辞典》（Oxford Beginner’s Chinese Dictionary）	袁博平Boping YUAN，Sally K. CHURCH	牛津大学出版社Oxford University Press	2006	剑桥大学
工具书	《中文常用词辞典》（A Frequency Dictionary of Mandarin Chinese: Core Vocabulary for Learners）	肖忠华Richard Xiao, Paul Rayson, Tony McEnery	劳特利奇出版社 Routledge	2009	兰卡斯特大学

2. 使用情况

英国伦敦大学亚非学院（School of Oriental and African Studies，简称SOAS）

是英国第一所设置中文和中国研究教席的学院。SOAS 的中文教学自 20 世纪 80 年代至今一直选用佟秉正的《汉语口语》。英国部分大学中文系选用美国出版的《中文听说读写》（Integrated Chinese）（Yuehua Liu, Tao-Chung Yao 等主编, 2008 年）、中国出版的《新实用汉语课本》（New Practical Chinese）（刘珣主编，2010 年）和本土教材《步步高中文》，部分语言中心选用本土教材《走遍中国》和《步步高中文》，中国出版的《当代中文》（*Contemporary Chinese*）（吴中伟主编，2014 年）和《HSK 标准教程》等教材。

英国剑桥大学出版社和牛津大学出版社还出版了大量中国历史、文化、文学类教材和读物。

许多开设中文专业的大学建设了自己的中文教学资源网站并推出了慕课。如剑桥大学为中文专业的本科生建设了入学前的线上中文基础学习资源包[①]。英国开放大学推出了线上中文课程，包括初级汉语、中级汉语及中国商务文化课程。

（三）华人社区学校

1. 开发情况

目前英国主要有两个组织在促进华人的中文教学，分别是英国中文学校联会（UK Federation of Chinese Schools，UKFCS）和英国中文教育促进会（UK Association for the Promotion of Chinese Education，UKAPCE）。UKFCS 自编教材有《齐来学中文》（Let' s Learn Chinese）（UKFCS 主编，2008 年）系列教材、《英国华文课本》（UK Chinese Textbook）以及《GCSE 中文听讲读写练习册—附模拟试卷》（*GCSE Chinese Revision Exercises with Mock Examination Papers*）（UKFCS 主编，2011 年）《AS Level 中文听讲读写练习册》（AS Level Chinese Revision Exercises）（UKFCS 主编，2009 年）等考试教材。《英国华文课本》（UK Chinese Textbook）（UKFCS 主编，2003 年）第一版出版于 1993 年，最后一版出版于 2003 年，在英国华人社区学校被广泛使用。

2. 使用情况

英国华人学校主要选用的教材包括暨南大学华文学院为海外华人编写的《中文》系列教材，英国中文学校联会开发的《齐来学中文》系列教材、《快

① Cambridge University Chinese Part Ⅰ A: https://www.ames.cam.ac.uk/undergraduates/undergraduate-resource/chinese-part-ia-information-incoming-students.

乐汉语》系列教材以及《HSK 标准教程》和《YCT 标准教程》等。

UKAPCE 创建了在线中文教学专区，供英国中文教师分享数字资源。UKFCS 也建设了在线中文教学网站，共享电子课本以及其他教学资源。

（四）孔子学院（课堂）

1. 开发情况

孔子学院对英国中文教育的发展起到了重要的推动作用。英国多所孔子学院开发了自编教材，大部分教材没有正式出版，多在孔子学院内部课程及下设中小学孔子课堂使用。

伦敦大学学院教育学院孔子学院（简称 IOE 孔子学院）由伦敦大学学院教育学院与北京大学及北大附中合作建立，2007 年 7 月成为全球第一所以中小学为基础的孔子学院，2017 年被授予“示范孔子学院”称号。截至 2022 年 3 月，

IOE 孔子学院建有 45 间孔子课堂，为超过 9000 名学生提供中文教学。孔子学院联合英国培生集团出版了一系列中文教材，如《英国初中标准中文 9–1 学生用书新版》和《进步》并开发了大量数字教学资源。[①]

IOE 孔子学院建立了“IOE 孔子学院小学中文教学资源库”（IOE CI Primary Mandarin Toolkit）、“中小学中文教学资源库”（Mandarin Resources for Schools, MARS）和“中小学中文教学年会资源库”（Conference Workshops），为全英中小学教师免费提供中文教学资源（表 5—5）。“中文培优项目”使用 IOE 孔子学院出版的本土教材、专属的在线教学资源库以及线上教师交流论坛。

表5–5　IOE孔子学院数字教学资源库

教学资源库	网址	建立时间	内容
IOE孔子学院小学中文教学资源库（IOE CI Primary Mandarin Toolkit）	https://ciioeprimary.com	2019年	按照语言、文化、游戏、图书、网站、应用等主题分类，包括教案、教学PPT、教学法、考试资料等多种小学中文教学资源。

① UCL IOE：https://ci.ioe.ac.uk/

（续表）

教学资源库	网址	建立时间	内容
IOE孔子学院中小学中文教学资源库（Mandarin Resources for Schools）	https://ci.ioe.ac.uk/mars-homepage/	2020年	该教学资源库为“中文培优项目”专属教学资源库，收录了385种由IOE孔子学院教师和“中文培优项目”参与学校本土教师制作的教学资源，并按照考试种类、教材种类、资源种类、话题、语言技能、年级进行了分类，为教师查找教学资源提供了极大便利。[①]
中小学中文教学年会资源库（Conference Workshops）	https://ci.ioe.ac.uk/conference-workshops/	2020	收录了IOE孔子学院全英中文教学年会中展示和分享的中文教学资源。

苏格兰中小学孔子学院由思克莱德大学、苏格兰国家语言中心和天津市教委合作成立，是全英首个政府间主导的孔子学院，2012 年 6 月正式启动运行。[②] 由于中文纳入了苏格兰外语教育体系，苏格兰中小学孔子学院的教师深入苏格兰中小学任教。苏格兰中小学没有统一的中文教材，因此孔子学院的中外教师联合建立了中文教学资源库。该教学资源库共分为 24 个主题，包括教学大纲、课件、练习、游戏、视频、音频等教学资源 700 多个。孔子学院还聘请了本土教育专家对教学资源进行分类，依照苏格兰当地中文教学情况，逐级增加教学内容，进而加快推动苏格兰中文教学大纲的完成。2020 年新冠疫情暴发，苏格兰中小学孔子学院和苏格兰国家语言中心合作制作了一系列动画、电子书和课件等数字教学资源，同时开发了一套面向初级学生的《发现中国》（Discover China）网络在线课程。

英国其他孔子学院也开发了丰富多彩的本土中文纸质及数字教学资源，如曼彻斯特大学孔子学院开发了一系列本土中文教材，尚未正式出版，应用于孔子学院“初级会话 1–3 级”课程及“中级汉语会话 4 级”课程中。赫尔大学孔子学院建立了网络“中文教学短视频库”，自 2020 年至 2022 年 4 月共推出了 218 期短视频，播放量约 12 万次，用鲜活的形式展现了中文的魅力。

英国开放大学与北京外国语大学合作建立的全球第一所网络孔子学院于

① UCL IOE CI: https://ci.ioe.ac.uk/mandarin-resources-for-schools/

② 中华人民共和国驻大不列颠及北爱尔兰联合王国大使馆：https://www.fmprc.gov.cn/ce/ceuk/chn/sgxw/2019shiguanhuodong/t1701907.htm

2022 年 5 月正式揭牌，该孔子学院依托英国开放大学的网络平台优势，为来自不同地区和北京的学习者提供在线中文教学服务，也助力了英国中文数字教学资源的发展。

2. 使用情况

英国孔子学院大多选用中国教育部中外语言交流合作中心提供的教材《HSK 标准教程》和《YCT 标准教程》《发展汉语》《新实用汉语课本》，部分孔子学院选用英国本土教材《步步高中文》《走遍中国》《掌握中文：初学者完全教程》（Mastering Chinese: The Complete Course for Beginners）（Catherine Hua Xiang 主编，2010 年）等。英格兰地区、威尔士地区和北爱尔兰孔子学院下设孔子课堂多选用《进步》《英国初中标准中文 9-1 学生用书新版》等教材，苏格兰地区孔子课堂普遍使用自编教材。

英国中文教育历史积淀深厚，中文教学资源的发展有着良好的基础。随着中英两国各领域交流与合作的进一步深化，英国政府采取了一系列举措推动中文纳入国民教育体系，中方积极给予了中文教育和师资方面的专业支持，从而使英国在现阶段已经形成了较为完整的中文教育体系。英国中文教学资源虽然目前处于蓬勃发展阶段，但仍然面临着一系列问题和挑战，如《国际中文教育中文水平等级标准》和本地标准接轨较难、本土中文教材发展不均衡以及数字化中文教学资源较分散单一等，有待中英双方合作进一步开发。

四、英国中文教学资源发展存在的问题及建议

（一）英国中文教学资源发展缺乏顶层设计和政策支持；应加强顶层设计，从宏观角度加强合作共建

英国中等教育目前执行的是中文测试标准。AQA 考试局和 Edexcel 考试局于 2017 年分别发布了《AQA 英国 GCSE 普通中等教育证书中文考试大纲》和《Edexcel 英国 GCSE 普通中等教育证书 9-1 中文普通话 / 粤语考试大纲》。Edexcel 考试局还同时发布了《Edexcel 英国 A-Level 普通教育高级程度证书中文考试大纲》。上述中文考试大纲主要应用于英格兰地区，威尔士和北爱尔兰地区基础教育阶段由于中文学习人数较少，暂时没有自己的中文考试大纲、课程大纲和考试标准。英国实行地区自治，没有国家级的外语教育标准，也没有全国统一的教材，并且四个地区的外语教育政策不同，这导致各地区中文教育标准无法统一，阻碍了教学资源的发展。

中英政府间应增强协同合作，加强顶层设计，从宏观角度考量英国中文教学资源建设的重要性。充分发挥中文母语国在国际中文教育领域的权威性、绝对性、引领性优势，可以从标准、体系、理论构建上，形成国际中文教育载体培育的基础。① 国际中文教育研究者可以从研究四个地区的外语教育政策出发，找到中文教育和教学资源发展中存在的问题并有针对性地提出适合每个地区的解决方案。英方对各地区开设中文教育的中小学和大学给予更多政策和资金方面的支持，中方提供优秀的师资和专业团队，充分考虑所在地区外语教育政策和规范，共同编写适用于各个地区的中文教学大纲、课程大纲、考试大纲和考试标准，有助于加快中英合作开发的教学资源完全融入英国国民教育体系的步伐。

（二）英国中文教学资源发展不均衡；应在强化新标准和本地标准接轨研究基础上建设资源

目前英国中文教学资源发展不均衡，文章收集到的基础教育阶段 109 种纸质本土中文教材中面向学前和小学生出版的中文教材有 37 种，面向中学生出版的中文教材有 72 种，现有本土教材无法满足低龄学习者的需求。文章收集到的全部 201 种教材中，综合类教材较多，共 158 种，占比 78.6%，技能类教材较少，仅有 4 种语法教材、6 种写作教材、7 种口语教材和 7 种汉字教材。笔者对英国教师的调研结果也表明大部分老师认为英国目前比较缺乏口语教材、视听说教材和适合英国以学生为中心教学特点的课堂活动手册。

实现英国中文教学资源均衡发展需要强化标准的引领，应在本地标准和中国标准接轨研究基础上建设教学资源。中文教育标准成为教学资源研发和使用的最主要依据，标准指导下的资源建设更具科学性和规范性。② 英国中文教育参考的主要标准是《欧洲语言共同参考框架：学习、教学、评估》（Common European Framework of Reference for Languages: Learning,Teaching,Assessment，英文简称 CEFR，中文简称欧框）。《欧框》在欧洲地区外语教育界的影响无处不在，汉语外语教育要在欧洲保持可持续发展，就需解决其标准如何与《欧

---

① 杨薇，陈媛媛，钟英华．国际中文教育相关领域博士学位论文选题及研究方法分析［J］．四川师范大学学报（社会科学版），2022，（03）：138-145.

② 马箭飞，梁宇，吴应辉，马佳楠．国际中文教育教学资源建设 70 年：成就与展望［J］．天津师范大学学报（社会科学版），2021，（06）：15-22.

框》接轨，即汉语标准本土化的问题。[①] 英国中学中文会考和《欧框》无疑是挂钩的[②]，许多本土教材在编写时也参考了《欧框》，如《步步高中文》和《走遍中国》系列教材。2021 年 3 月，《国际中文教育中文水平等级标准》正式发布，这是首个面向外国中文学习者，全面描述评价学习者中文语言技能和水平的语言文字规范。《标准》的发布可以为英国中文教学资源建设提供参考依据，而新标准如何与《欧框》对接是亟待解决的问题，也是实现英国中文教育本土化的关键，中英教师可首先进行中国标准和本地标准接轨的深入研究，然后在此基础上进行教学资源建设，保证编写教材及教学资源的规范性和权威性，从而满足不同学习者的需求。

（三）中英合作建设中文教学资源不足；应充分发挥孔子学院作用，合力打造多种类精品教学资源

目前基础教育阶段的孔子学院和本土外语教育合作较多，也产出了一系列英国考试大纲下的教材及教学资源，如 IOE 孔子学院和培生集团合作开发的《英国初中标准中文 9-1 学生用书新版》（Edexcel GCSE Chinese [9-1] Student Book New Edition）教材。而服务高等教育为主的孔子学院虽然都不同程度自主开发了教学资源，如曼彻斯特大学孔子学院自编《初级汉语会话》教材，但大多数是在线数字资源且尚未正式出版，在中外合作开发本土化教材方面还有很大发展空间。

英国孔子学院在教学资源建设方面可继续发挥作用，作为桥梁连接中外多方机构和中英教育专家，如中国教育部中外语言交流合作中心、英国教育部、英国文化教育协会、英国汉语教学研究会、中英出版行业、中英工商业、中英大学等，多方协同合力共同打造既能够体现本土化特色，又能够塑造文化自信、科技赋能的“内在刚性”形象与可亲可爱的“外显柔性”[③] 形象交融并济的中国国家形象的新型精品本土中文教材。孔子学院还可与英国大学中国研究专业合作因地制宜设置中文课程，加大力度在开发精品本土化教材的基础上研发系列配套教学资源，打造多层次多种类本土教学资源，将会有力推动中文教育本土化高质量发展。

---

① 张新生．欧洲汉语能力标准再探．[J]．国际汉语教学研究，2016，（03）：50-59.

② 张新生，李明芳．英国中文教育近年发展情况述评．[J]．国际汉语教学研究，2022，（01）：4-14+25.

③ 梁宇．国际中文教材国家形象自塑的二元表达 [J]．云南师范大学学报（哲学社会科学版），2022，（03）：57-65.

（四）英国中文教育数字资源较为分散单一；应积极建设一体化中文数字教学资源共享平台

疫情防控催生了中文数字资源的快速发展，英国是在线教育和数字资源发展较为发达的国家。据研究统计，目前海内外数字教材共计 3679 册，海外本土数字教材有 1935 册，占 52.6%，其中英国开发的数字教材数量为 44 册，在欧洲国家中排名第四位。[①] 调研发现英国中文教学中数字资源的使用较为普遍，包括数字教材、在线课程和数字化应用等，常用 Zoom 视频会议软件进行在线授课，中文联盟、油管 YouTube、BBC 英国广播公司中文学习网、主席日报（The Chairman’s Bao）在线中文学习平台等网站辅助教学，Quizlet 和 Padlet 等线上中文学习工具组织课堂活动或者布置作业。然而目前数字化中文教学资源发展较为分散，教师在检索所需要的资源时需要花费大量的时间在网络搜索，难以形成教学资源的规范和共享。

为了实现数字教学资源的共享，可以尝试建立不同层次的中文教学资源共享平台，例如建立英国孔子学院中文教学资源共享平台，有效整合不同层次和类别的数字中文数字教学资源，还可以建设不同的数字教学资源库，如图片库、视听资源库、口语语料库、写作语料库等，从而使数字教学资源的利用更加便捷和标准化，中外合作开发建设多元化、专业化、国别化的精准中文数字教学资源。

五、小结

英国中文教育历史积淀深厚，中文教学资源的发展有着良好的基础。随着中英两国各领域交流与合作的进一步深化，英国政府采取了一系列举措推动中文纳入国民教育体系，中方积极给予了中文教育和师资方面的专业支持，从而实现英国在现阶段已经形成了较为完整的中文教育体系。在大环境较好的情况下，英国中文教学资源仍然面临着一系列问题和挑战，可采取加强顶层设计、强化本土标准和中国标准接轨研究并在此引领下进行教学资源建设、充分发挥孔子学院作用合作打造精品本土中文教材、建设一体化中文教学资源共享平台等措施进一步做好中文教学资源建设工作。

---

① 郭晶，吴应辉，谷陵，周雳，依雯，马佳楠，崔佳兴，董晓艳．国际中文教育数字资源建设现状与展望．[J]．国际汉语教学研究，2021，（04）：86-96.

第二节　《走遍中国》：来自英国中文教师的评价[①]

《走遍中国》是由中国外语教学与研究出版社（以下简称“外研社”）与英国麦克米伦出版公司（Macmillan Education）联合研发并出版的综合型中文教材，主要面向英语国家的零起点至中等水平学习者。该教材邀请了国际知名的第二语言教材编写专家格里诺尔（Simon Greenall）先生担任顾问，由中外语言教学专家合作研发，中方主编、外方顾问和国外中文教师三方合作，中方作者队伍负责内容编写，外方教材专家负责在教材编写理念等方面把关，国外中文教师负责在课堂上进行试用，并征集学习者的反馈意见。[②]教材既吸纳了新的第二语言教学理念，也兼顾了中文教学的特殊规律，体现交互式、体验式、任务式、活动式的特点，旨在让学习者通过各种各样的教学活动在真实情景中学习地道的汉语。[③]该系列教材于 2009 年 9 月首次出版[④]，并自 2020 年 1 月以来陆续推出修订版和西班牙语版。

《走遍中国》自出版以来受到英国大学中文教师和学习者的好评，被英国、西班牙、德国的多所大学和孔子学院选用[⑤⑥]。本文运用有声思维法收集数据，对 8 位在英国任教的中文教师进行了调查，试图探讨以下问题：（1）英国中文教师对《走遍中国》的总体评价如何？（2）《走遍中国》符合什么外语教

---

① 本节参考并引用自：于泓珊，车文兵：《走遍中国：来自英国中文教师的评价》，教育部中外语言交流合作中心组编《国际中文教育教学资源发展报告 2023》，北京：北京语言大学出版社，2023：91-104.

② 杨飘.《走遍中国》（西班牙语版）（第一级别）出版 [J]. 国际汉语教育（中英文），2020，5（02）：14.

③ 外研社汉语学习资源网：http://www.fltrp-clt.com/pages/book/sigleBook.jsp?id=278e60177ac54e9381d7032bf13302a9.

④ 中华人民共和国国务院新闻办公室．中英联手推出汉语教材《走遍中国》：http://www.scio.gov.cn/hzjl/hdjj/tp/Document/435901/435901.htm.

⑤ 于泓珊，张新生．英国中文教学资源发展研究 [J]. 云南师范大学学报（对外汉语教学与研究版），2022，20（05）：42-52.

⑥ 李乾超，杨湫晗，陈晨．西班牙中文教学资源发展特征、现实挑战及提升策略 [J]. 民族教育研究，2022，33（06）：156-163.

育标准并体现了什么样的教学理念？（3）《走遍中国》为教师和学习者提供了哪些教学与学习资源？

一、研究设计

（一）研究参与者情况

本文依据目的性抽样原则，采取了典型个案抽样、滚雪球式抽样及目的性随机抽样策略，选取了8位英国中文教师对《走遍中国》1–4册的使用情况进行评价，教师基本情况如表5—5所示。

表5–5 研究参与者的基本情况汇总

参与者	教龄（年）	在英教龄（年）	学历/专业	教材使用（年/轮）	授课对象	职位
教师A	10	7	博士/对外汉语教学	5/5	英国大学硕士研究生，20—30人/年级	中文课程负责人/决定教材使用
教师B	35	15	博士在读/教育学	5/5	英国大学中文专业、公选课学生，10—20人/年级	中文课程负责人/决定教材使用
教师C	37	21	硕士/教育学	10/10	英国大学公选课学生，20—28人/班	中文课程负责人/决定教材使用
教师D	30	30	博士/高等教育	10/10	英国大学公选课学生，16—30人/班	中文课程负责人/决定教材使用
教师E	16	2	硕士/语言学	2/2	英国大学中文专业学生、公选课学生，10—20人/年级	公派教师/不决定教材使用
教师F	5.5	3.5	硕士/汉语国际教育	1.5/2	英国孔子学院成人学生，5—10人/班	公派教师/不决定教材使用
教师G	10	3.5	硕士/汉语国际教育	2/2	德国孔子学院学生，20人/班	公派教师/参与决定教材使用
教师H	30	7	博士/古代文学	7/7	英国大学中文专业学生、公选课学生，3—9人/年级	公派教师/不决定教材使用

（二）研究方法与流程

本文在数据收集环节采用了有声思维法，收集了 8 位教师对《走遍中国》的深度评价。有声思维是目前心理学和认知科学研究中收集数据的常用方法之一，是指受试者（接受测试的人）在完成某项任务的过程中，随时随地讲出头脑里的各种信息。[①] 将有声思维的方法应用于教材评价中，有助于深入了解参与者评分的理由，获取参与者对教材真实使用感受的一手资料。数据收集与分析的顺序为：（1）准备阶段：筛选及培训参与者；（2）基本信息访谈，用于了解参与者的任教经历及教材使用基本情况；（3）叙述性评价，利用《国际中文教材评价量表》（以下简称"《量表》"）（表 3–4–2）为参与者提供叙述结构和内容指南，参与者根据《量表》对教材进行评价。本文应用了《量表》中的通用教材评价指标对教材进行评价，采用 1–5 分的形式，分值越高表明教材符合该评价指标的程度越高；（4）补充性访谈，研究者就评价参与者的具体观点进行进一步追问。数据收集使用腾讯会议在线完成，时长共计 15 小时 51 分钟，转写合计 24 万 7 千余字；（5）采用 Nvivo 14 软件对数据进行编码，对原始评价资料进行概念化和类属化，对本上概念进行比较后合并。最终共获得编码 473 条，形成了 11 个初始范畴，合并为 5 个主范畴，构成《走遍中国》的主要评价内容。

《量表》中的评价指标来源于梁宇构建的国际中文教材动态评价模型[②]，该模型立足于第五代评价观和经典教材观，在教材评价内容方面突出"坚守中华文化立场、打造柔性话语表达""注重两种能力培养，聚焦中文二语教学""突出教学适用评价，深化教育服务理念"等特色。

表5–6 《国际中文教材评价量表》

通用教材评价维度	1 课程适用	2 师生适用	3 编写理念	4 框架结构	5 主题内容
	6 语言内容	7 文化内容	8 活动设计	9 情感与策略	10 外观与配置
本土教材评价维度	1 教学适用	2 教学内容	3 教学辅助	/	/

① 郭纯洁．有声思维在外语教学研究中的应用 [M]．北京：外语教学与研究出版社，2015：2.

② 梁宇．国际中文教材动态评价模型构建研究 [J]．四川师范大学学报（社会科学版），2023，50（05）：136-145.

二、研究结果与分析

（一）整体评价

参与者对《走遍中国》整体评价的平均分为4.23分，具体评分情况见图5—1。在10个通用教材评价维度中，“文化内容”“主题内容”“活动设计”是平均得分较高的三个维度，体现了教材的主要特色。参与者普遍认为该教材的文化内容丰富，呈现方式巧妙。教材设定了丰富多彩的主题内容，提供了有意义的真实交际活动，在促进学习者学习的同时，也赋予了教师灵活使用的空间。

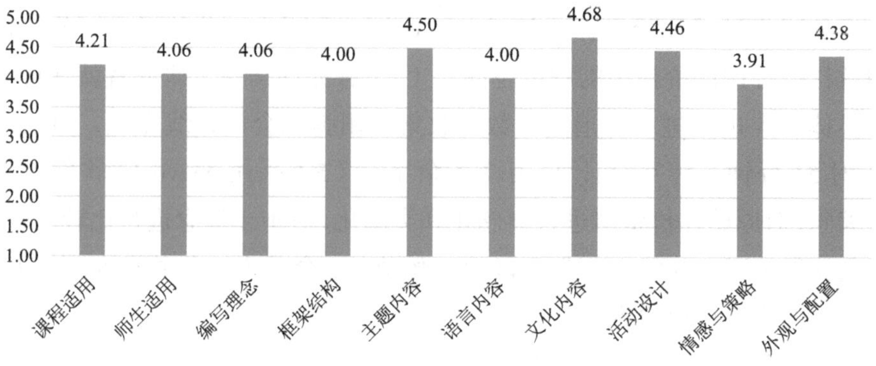

图5-1 《走遍中国》整体评价汇总图

（二）具体评价

根据编码结果（表5—6），8位参与者对《走遍中国》的评价汇总如下：

表5-6 编码结果及举例

主范畴	编码次数	初始范畴	编码次数	编码举例
英国外语教育标准和理念	181	教育标准	35	教师A：我认为《走遍中国》符合英国高等教育质量管理署发布的《语言、文化与社会课程标准》，它的话题符合《欧洲语言共同参考框架：学习、教学、评估》，能引发学生的学习兴趣。
		教育理念	146	教师H：英国外语教育强调交际实用，《走遍中国》是以交际为主的，贴近学生的生活，也符合英国学生从小接受的教育理念。

（续表）

主范畴	编码次数	初始范畴	编码次数	编码举例
教学素材呈现	101	教学内容和练习	53	教师F：《走遍中国》的一个特点是包含了很多双人练习和小组练习，学生能够在练习中进行有意义的互动，还可以操练到本课所学习的语言点。
		配套资源	25	教师G：《走遍中国》的配套资源特别丰富，除了内容丰富的学生练习册以外，还配套了单元测试，能够让教师比较清楚地了解学生对所学内容的掌握情况。教师用书对我来说很有帮助，书后附的生词表和语法说明都非常实用。
		版式设计	23	教师E：《走遍中国》色彩分明，从视觉上来说很有冲击力，也兼具了划分内容模块的功能，插图很多而且是真实的照片，这是教材明显的优点。
语法教学理念	79	自然习得	30	教师D：《走遍中国》考虑到了欧洲学生学习语言的习惯，没有直接给出语法的注释和翻译，而是用隐性的方式去呈现语法。
		语法编排	49	教师G：教材在一课里把一个语言点的三种用法都展示出来了，比如“把字句”搭配不同的补语，这对于新手教师或非对外汉语专业出身的教师来说可能有一些困难，如果教材里有更明确的指导，会更便于教师使用。
中国文化内容选择和呈现方式	64	内容选择	53	教师B：《走遍中国》介绍了中国的武术、少林寺、春节习俗等等，还包含了中国非常知名的旅游景点，例如九寨沟和西安，我觉得内容选择和编排非常适度。
		呈现方式	11	教师E：有很多体现中外文化异同的因素都在教材的对话中呈现了出来，例如有一课描述了中国公司接待国外代表团，需要挑选礼物，这个例子就讨论了中国文化和外国文化在送礼物方面的区别。

（续表）

主范畴	编码次数	初始范畴	编码次数	编码举例
自主学习能力培养	48	编排理念	23	教师D：从教材的编排顺序可以看出它整体的设计都是围绕着以学习者为中心，从“听说”到“读写”，再到“交际活动”的顺序，都是鼓励学生自主学习，具有启发性，而不是教师单方面带着学生走。
		练习活动	25	教师A：《走遍中国》设计了大量可以选择的交际任务，学生可以充分发挥，例如有一次我基于教材的任务让学生去拍摄短视频，学生真的自己去超市拍了全中文的视频，介绍自己喜欢的购物中心，效果非常好。

1. 符合英国外语教育标准和理念

（1）与英国大学外语教育标准对接

《走遍中国》的目标教学对象是成人学习者。在 8 位参与者中，6 位教师在英国大学任教，教学对象包括本科生及硕士研究生，课程类别包括中文专业必修课和中文公选课。参与者普遍认为，该教材能够与英国大学参考的外语教育标准对接，这也是其中 4 位作为中文课程负责人的教师决定使用该教材的主要原因之一。英国大学参考的外语教育标准主要为：（1）欧洲理事会（Council of Europe）在 2001 年发布的《欧洲语言共同参考框架：学习、教学、评估》（A Common European Framework of Reference for Languages: Learning, Teaching, Assessment，以下简称《欧框 2001》）[①]，欧洲理事会于 2020 年推出的更新版本（Common European Framework of Reference for Languages: Learning, Teaching, Assessment – Companion Volume，以下简称《欧框 2020》）[②]；（2）英国高等教育质量管理署（Quality Assurance Agency for Higher Education，以下简称 QAA）制定的《语言、文化与社会课程标准》（Subject Benchmark Statement – Languages, Cultures and Societies，以下简称 QAA《课

① Council of Europe. Common European Framework of Reference for Languages: Learning, Teaching, Assessment[M]. Cambridge: Cambridge University Press, 2001.

② Council of Europe. A Common European Framework of Reference for Languages: Learning Teaching Assessment Companion volume [A/OL]. https://rm.coe.int/common-european-framework-of-reference-for-languages-learning-teaching/16809ea0d4.

程标准》）[①]。

《欧框 2001》是欧洲国家制定语言教学大纲、设置课程指南、开发测试评估和编写教材的共同基础。在采访中，参与者表示《走遍中国》1—4 册分别对应《欧框 2001》的 A1—B2 四个级别的难度水平，每一册在教学目标、话题内容、交际活动、语言技能评估方面都与《欧框 2001》相应级别标准对应。

这本教材的教学目标符合欧洲课程与欧洲的语言标准，能够在学完 4 册之后达到 B2 的水平。我觉得它的教学目标确实很清晰明确，也很符合现行的课程标准和大纲。（教师 F）

我觉得这套教材的教学用书和练习册给教师和学习者设定的目标都非常清楚，我们在英国教学，主要是将《欧框》作为语言教学的参考框架，我觉得它与《欧框》非常相符。（教师 D）

这套教材的主题话题编排由易到难，循序渐进。如果去对照《欧框》的话，《欧框》里面对每个级别应该谈论的话题都有明确的界定，这套教材全部都涵盖了。（教师 A）

参与者表示，《走遍中国》在“听说、读写、语法和词汇、发音、文化点、汉字书写”方面设定了清晰的教学目标，清楚阐释了期望学习者达到的听说读写水平，这一点与《欧框 2001》的语言能力量表相一致。同时，练习册的每一单元最后都设置了“自我评估表”，让学生从“语音、词汇、语法、听、说、读、写”几个方面进行自我能力评估，这也与《欧框 2001》的“自我评估标准”相匹配。

QAA《课程标准》是英国英格兰、苏格兰、威尔士和北爱尔兰四个地区高等教育机构在设计本科生与研究生“语言、文化与社会”专业学位主题课程时参考的重要标准，也是设置大学公选课的参考标准。参与者认为《走遍中国》的话题内容和教学目标符合这一标准。

---

① QAA. Subject Benchmark Statement-Languages, Cultures and Societies [A/OL]. https://www.qaa.ac.uk/docs/qaa/sbs/sbs-languages-cultures-and-societies-23.pdf?sfvrsn=3c71a881_8

英国所有大学课程，无论是必修课还是非必修课，必须符合英国高等教育质量管理署发布的QAA《课程标准》，我作为中文课程负责人在设计课程时，要去了解英国高等教育阶段的外语选修课应该达到哪些目标。QAA《课程标准》表明，外语选修课的目标包括：第一，习得基础的语言知识；第二，达到交际目的；第三，能够了解语言背后的文化；第四，可以运用语言进行工作和生活，满足到别的国家去生存生活的需求。那么我认为《走遍中国》这一系列教材完全符合这一标准。（教师A）

（2）与英国外语教育理念相契合

英国外语教育受欧盟外语教育政策影响较深，重视交际能力的培养。英国的外语教育战略《全民的语言：生活的语言——英格兰战略》（Languages for All: Languages for Life—A Strategy for England）① 指出："语言是终身技能，能够为我们打开交际和探索的大门，促进并鼓励多元文化的相互理解。"这与交际教学法的理念一致，在交际教学法的指导下，语言被用来实践有意义的任务活动，从而促进学习。通过对参与者评价内容的分析，本文提炼出英国外语教育理念的核心本土概念，包含"强调交际性""提倡趣味性""尊重个体差异性"等。《走遍中国》在教学方法、教学内容、教学活动和教学素材等方面均与英国外语教育理念相契合。

第一，《走遍中国》依据交际教学法编写，包含能够促进学习发生的真实交际活动，可激励学习者进行有意义且真实的语言使用，教材的框架结构设置体现了"以真实交际为目的"的编写理念。

我认为英国主流外语教育的特点是交际实用、形式灵活、以学生为中心。《走遍中国》是以交际为目的的，它每个单元是由话题引出相应的生词和语法，这套教材很实用，所以适合在英国使用。（教师H）

第二，教材话题设置丰富多样，具有趣味性和社会化特征，符合学习者的真实交际需求，同时也为教师提供了灵活使用的空间。教材是以真实语境

---

① Department for Education and Skills. Language for All: Languages for Life- A Strategy for England[M]. Departmeng for Education and Skills, 2002.

中的话题为纲编写的，话题包括在中国学习、生活、旅行、工作的相关内容，符合成年人的认知水平，贴近学习者的生活。

对我的学生来说，《走遍中国》能满足他们的真实交际需求。因为他们三年级时要来中国，所以问路和说电话号码等话题内容都是非常符合实际交际的需要。话题基本上涵盖了生活的方方面面，比如说买高铁票、选座位、网上退票，到银行开账户等等。在教材的基础上，我们可以给学生补充大量的信息，也体现了教材的可嫁接性和开放性很强。（教师 E）

第三，教师用书中的“活动库”提供了适合不同学习者语言水平的教学活动，契合英国人本主义的教育理念，即尊重个体在学习过程中的差异性，这为实现分层教学提供了可能。

教师用书中的“活动库”包含各种各样的活动，特别好的一点是它在同一课内设计了适合不同水平学生的活动。我们在英国的大学里面任教，学生因为不是考试入学，所以中文水平是不一样的。针对不同水平的学生设计不同的活动让我觉得非常实用。（教师 D）

2. 为教师提供了丰富多样的教学素材

（1）教学内容和练习形式丰富

在教学内容方面，教材在每单元同一话题下提供了不同语体的教学素材，包括口语和书面语。教材每单元第一课的课文是以对话形式进行“听”的输入和“说”的输出练习；第二课提供了“读”的输入及“写”的输出练习，包括天气预报、新闻、广告、日记、旅游指南等不同书面语体的阅读任务和相应的写作任务；第三课提供了一个完整的综合交际活动，促进学习者的语言综合运用能力提升，并辅以英文呈现的文化点，学习者可以针对文化内容开展深入的讨论，提高跨文化交际能力。教师可以根据学习者的需求灵活使用这些教学素材。这与钟英华提出的国际中文教育“表达驱动”教学理论①相

① 钟英华，于泓珊，杨薇．国际中文教育“表达驱动”教学理论与实践［J］．世界汉语教学，2023，37（03）：388-398.

契合，“表达驱动”教学理论认为应尊重言语技能系统的自有规律性属性，允许依据表达需要的“听说”系统和“读写”系统相对独立建构发展，教师可根据学习者个性化的需求选择教学内容。

教材的优点是对语言技能的训练比较全面，重视“听、说、读、写、译”五大技能的综合发展，而且在初级阶段就已经开始区分书面语与口语了，主要体现在每单元的第一课和第二课，在同一个话题之下使用不同的语体，这是非常专业的做法，我觉得这是它的一个优点。（教师 A）

教材提供的练习活动层次非常清晰，类型丰富而且有联系。比如说在第一册第 9 单元，主题是描述方位。第一课用对话呈现，第二课用真实的租房广告呈现，第三课是描述位置的交际活动，三课之间的关系很清楚而且有联系。（教师 H）

练习 / 活动类型丰富多样，包含双人活动、小组及大组活动。活动内容种类繁多，具有启发性，例如小组设计中国新年主题晚会，撰写简历准备求职等，有利于学习者有效掌握本单元主题相关的学习内容。每单元的第三课设计了可供教师选择的交际任务，赋予了教师灵活使用的空间，教师可根据学习者的实际情况进行拓展。

这套教材的学生用书、练习册和教师用书里有大量的练习，包括单元小测验这种书面测试，也包括交际活动，例如两人一组或者是多人小组的交际任务，还包括一些课外调查，例如访问中国网站，收集信息来做总结报告，比较丰富多元。（教师 G）

（2）教学素材种类齐全

《走遍中国》配备了练习册、测试题和教师用书，在学生用书中提供了复习和练习题，练习册提供每课练习和“自我评估表”，教材额外提供了单元测试和汉字书写单，在教师用书中还提供了汉字的拆解练习，让学习者进行有意义的汉字学习。教师用书包含活动库、明确的教学重点阐释和详细的教学步骤指导，便于指导教师备课。在数字化教学资源建设方面，教材配套了网站、音频以及可以选用的 APP，未配备教学视频。可选用的 APP 为 Aha

Chinese 汉语口语教学与管理系统，能够对学习者的语音进行智能评估，便于学习者在线下自主学习时使用。

教师用书每册都有一个单元测验，我把这个单元测验放到了课程的网站上，学生做完了以后，我可以看到学生的分数，哪方面提高了，哪方面还差一些，非常有效。（教师 B）

Aha Chinese 平台里面植入了人工智能，可以对学生的口语练习进行打分评价，所以我们的学生在用完之后反馈也是比较好的。（教师 A）

教材总体的设计非常好，在局部设计上，练习册汉字书写的部分，包括笔顺和笔画，对于规范写作特别有用。（教师 H）

（3）版式设计美观

《走遍中国》的版式设计清晰美观，采用了欧洲外语教材常用的套色印刷方式，不同板块使用不同颜色印刷，竖版布局美观精致，符合欧洲特别是英国学习者的使用习惯。教材选用了真实的照片作为插图，插图内容与教材配合紧密，符合成人学习者的需求。

教材的整体布局有点像英文教学的原版教材，比如说插画很多，比如每一个模块用不同的背景色等等，能够让学习者从视觉上区分这一块的内容在说什么，那一块的重点是什么，比较符合国外教材的编写特点，因为这本书是中外合编的，所以它可能兼顾了这点。（教师 E）

3. 强调在使用语言的过程中以自然的方式习得语法规则

《走遍中国》强调以学习者为中心，以 3P 教学法（presentation，practice and production）为指导呈现词汇和语法点，符合二语习得规律。教材倡导在使用语言的过程中以自然的方式去习得语法规则。教材利用表格清晰地展示语法结构并给出相应的例句，并未将语法的明确解释呈现在当课的语法单元中，而是在最后的附录中专门给出了规则描述，旨在让学习者在学习过程中自己归纳语法规则，并在有意义的交际情境中，在运用所学知识完成任务的过程中隐性地、潜移默化地内化语言结构。这种语法呈现方式注重启发式教学，采用发现式学习法，引导学习者在语法形式、功能和意义之间建立联系。

教材强调学习者在大量文本输入的过程中，以自然的方式去习得语法规则，它不过分强调在课堂上解释显性复杂的语法规则，不会给学生造成学习很多枯燥的语法知识的压力，希望学生用一种隐性的、自然的方式来习得语言结构，我觉得这是它灵活性的体现，是很明显的优点，也是不同于其他教材的一个方面。（教师 A）

教材是根据西方学习者的语法学习习惯编写的，不是那么突出地单独讲语法，不像其他教材那样显性呈现，而是隐性呈现。语法的注释和翻译不是直接给学生的，而是提供了一组解释，有正确的，也有错误的，让学生选择哪个是正确的，应该在什么情况下使用。（教师 D）

一方面，参与者普遍认为这种方式很灵活，不会给学习者带来压力，符合欧洲学习者的语法学习习惯。另一方面，发现式语法编排模式对于教师来说非常具有挑战性，在教材篇幅有限的情况下需要教师在课堂教学中根据学生水平补充大量语料并引导学生从中发现语法规则，例如教师 A 认为“教材对教师的要求非常高，我在词汇、语法、句式的讲解方面需要花费很多时间为学生补充大量的典型例句和上下文语境。然而如果教师与教材磨合得很好，也能够把教材的编写理念发挥到极致”，教师 D 则认为“选择正确语法解释”的练习不太适用于初级阶段的学生，“初级阶段的学生还没有能力辨别错误的语法解释，很容易对错误结构留下深刻的印象”。部分教师认为，语法例句中出现了未曾出现过的语言格式，会对学习者造成困扰。

4. 中国文化内容选择和呈现方式巧妙

《走遍中国》包含中国社会与人民生活的文化内容、中国优秀传统的文化内容和当代中国国情的文化内容。例如第二册的西安旅行，第三册的大学生支教，以及第四册中的求职都从不同层面体现了中国文化，也展示了中国改革开放四十多年来的变化。参与者普遍认为教材的文化内容编排十分合理，可以帮助学习者理解课文中的知识。

教材第三册里边包括了中国整治沙漠、天津大学生去农村支教等内容，我觉得这些话题能够使国际学生对中国政府的环保措施有一定的了解，了解真实的中国。也能让英国大学生了解中国大学生支教的选择，可能和他们的大学生活很不一样。（教师 B）

《走遍中国》包含了很多体现中华优秀传统文化的内容，例如第三册中华武术的主题介绍了李小龙是怎么向世界传播和介绍中国文化的。（教师 A）

文化内容不仅呈现在对话和短文中，还呈现在第三课“文化角”板块里。参与者普遍认为《走遍中国》的文化呈现方式非常巧妙，在“文化角”的部分用学习者的母语来呈现，便于学习者理解文化内容，同时引发讨论兴趣。

每一单元第三课的文化讨论是学生最感兴趣的，因为用英语来呈现文化内容，学生很容易理解，也减轻了初学者说中文的压力，所以他是比较积极的，学习动机就提升了。（教师 C）

《走遍中国》在对话中体现了中国文化，例如春节时父母给孩子拿红包，体现了中国父母通过给孩子压岁钱祝愿孩子在新的一年里茁壮成长的习俗。（教师 E）

5. 注重学习者自主学习能力的培养

学习者的自主学习能力是对自己的学习负责的能力。[①]QAA《课程标准》和《欧框 2020》中都指出要提高学习者的自主学习能力。《欧框 2020》提出了“面向行动”的外语教学理念，重视个人综合能力和语言交际能力的培养。该框架把语言使用者和学习者首先定性为社会人，他们需要在某一具体的社会行动范围内，根据特定的条件和环境，完成包括语言活动在内的各项任务，通过发展学习者的自主学习能力，在课程规划和教学方面实现真正的范式转变。

参与者普遍认为《走遍中国》能够有效促进学习者的自主学习能力，在字词学习、听力练习、阅读练习、交际活动等方面实现发现式学习。例如，教材的词汇练习具有鲜明的自主学习色彩，图文配对的方式能加强学习者词汇学习的参与度。

《走遍中国》特别能启发和帮助学习者自主学习。每一课刚开始都不是句型，而是词语之类的练习，通过做一些课堂活动，引导学习者自主学习、思考。它的生字不是说老师先讲，而是让学生把图片和汉字联系起来，学生

① Holec, H. Autonomy and Foreign Language Learning[M]. Oxford: Pergamon Press, 1981.

自己去看图片，分组讨论。例如第二册第十六页，有上课、起床、睡觉、做作业、做运动、吃饭这些词的拼音和图片，学生要自己联系起来，理解意思，那么学习就自然发生了。教材的这些活动都给学生提供了自主学习的机会。（教师D）

《走遍中国》还为学习者提供了单元测试和自我评估表，让学习者通过自我评价提高自主学习能力。

三、研究启示与建议

（一）充分考虑学习者水平编排语法练习并组织教材使用培训

《走遍中国》采用发现式语法编排模式，强调语言交际和学习者自主学习的重要性，倡导在使用语言的过程中以自然的方式去习得语法规则。部分教师表示“选择正确语法解释”的练习虽然是在引导学生自己发现语法规则，然而给初级阶段的教学带来了一定挑战，初级阶段的学生容易强化错误语法解释在大脑中的记忆，同时教师需要补充大量的例句输入，帮助学习者归纳出语言结构。另外，教材的部分语法编排考虑中文学习规律较少，例如在首次呈现“把”字句时，一次性给出了“把字句”的四种格式，对教师和学习者提出了较高的要求。因此，后续教材修订建议充分考虑母语为英语的学习者掌握中文语法的实际情况，适度调整初级阶段教材的语法练习，减少错误的语法解释对学习者造成的困惑，在操练方面提供形式更为多样化的练习，再次审查语法点的出现顺序和对应的例句是否合理。

建议出版社组织线上线下培训或工作坊，详细阐释教材教学理念，从而使新赴海外工作的教师更好地理解英国的外语教学理念及教材的编写理念，更高效准确地使用教材。同时建议语合中心在开展针对英国等欧洲国家的孔子学院公派教师岗前和岗中培训时有针对性地开设教材及教学资源使用课程，请有丰富教材使用经验的本土教师应用案例详细讲解当地外语教育理念指导下的教材应用。

（二）有效运用数智技术赋能配套教学资源建设并补充真言真语教学素材

《走遍中国》配套了练习册、教师用书等教学资源，但是在数字化教学资源建设方面仍有不足，例如教材配套的数字资源平台内容和功能有限，教材交互性不足，尚未将人工智能等新技术应用于教材建设中等。国际中文教育需要更具适应性，跨越满足“国别化”需求的阶段，进一步实现“个性化”的知识供给[①]，建议充分利用技术赋能配套教学资源建设，促进多样化、多模态、具有交互性的数字化教学资源，使教师能更有效地为学习者提供更具个性化和针对性的语言教育服务，例如开发基于大数据的学习者需求调查程序，创建教材配套的虚拟学习平台，建设基于人工智能技术的练习资源，研发数字化的综合评价体系等。建议在 Aha Chinese 应用程序的基础上进一步开发人工智能技术，面向英国、西班牙、德国等教材使用较多的国家开发便于学习者使用的手机 APP、电脑软件或网页程序。世界各地的学习者在学习过程的任何阶段都可以自主灵活地使用配套的数字平台和教学资源，提升自我调节学习能力。教材数字资源研发机构应更重视数字资源宣传工作，将其融入教师培训或教材使用研讨会中，从而促使数字资源能够为更多教师所用。

建议在教材中根据级别选取更多真实语料作为教学内容，参考英国普通教育证书高级水平考试（General Certificate of Education Advanced Level，简称 A-Level）2017 年新版考试大纲中指定文学作品集和影视作品集作为教学主题的做法[②]，减少为教材编写而对真实语料进行的修改，在符合版权保护规范的前提下，纳入部分报刊网络上的文章，也可以加入文学作品片段等。也可考虑建设《走遍中国》话题主导的真实言语数字教学资源库，不仅可由出版社官方发布一些话题相关的真实拍摄的新闻片段、纪录片或者短视频片段，也可以为使用《走遍中国》的教师提供一个共享教学资源的平台。

（三）随着时代发展不断更新中国文化内容选择及话题设置

《走遍中国》选择了大量中国传统文化和现代中国人的生活中的交际文化作为课文内容，使用真实拍摄的照片作为插图，与时代结合紧密，体现了中国文化的多样性特点，每单元的“文化角”板块也激发了学习者开展文化差异讨论的兴趣。教材编辑团队在最新第一册和第二册的修订中已经对旧版教材中的许多图片进行了更新，从而更好地展示了真实、立体、全面的中国。建议在更新图片时，也随着时代发展不断更新中国文化内容及话题设置，选

① 马瑞祾，梁宇．国际中文教育数字化转型的三重逻辑——从ChatGPT谈起[J]．河南大学学报（社会科学版），2023，63（05）：112-118+155.

② 赵杨，桂孟秋．英国中文A Level考试的知识基础与能力取向——以培生爱德思为例[J]．云南师范大学学报（对外汉语教学与研究版），2022，20（06）：58-68.

择更多能体现当代中国国情文化的内容，如冬奥会、中国航天事业、网络直播带货、当代大学生活等。文化内容编排可参考教育部中外语言交流合作中心于2022年发布的《国际中文教育用中国文化与国情教学参考框架》。与时俱进的文化内容和话题选择也可作为补充资源纳入《走遍中国》线上教学资源库，定期更新供教师选用。另外，《走遍中国》第三册中历史文化内容出现较多，距离学习者的现实生活较远，很难激发学生足够的兴趣。而学生感兴趣的商务话题出现较晚，在第四册中才有体现，难以满足当代世界中文学习者对“中文＋职业”的学习需求。因此，建议对第三册和第四册教材中部分话题的内容与编排顺序进行调整。同时，也建议教材在练习或活动设计中更多体现中外文化对比，包含文化共同点和文化差异，从而更有效促进中外文明交流互鉴。

第六章　结语

本专著从区域国别视角出发，对英国中文教育进行了较为系统的综合研究，涵盖英国外语教育政策、孔子学院发展、教学方法创新以及教学资源建设四个关键领域，致力于全面剖析英国中文教育的现状、特点与发展策略。在英国外语教育政策及中文教育研究方面，深入探讨了在多元文化外语教育背景下，中文融入英国国民教育体系的策略。通过解读报告《外语价值与英国经济》，挖掘其对中文教育发展的启示，并以苏格兰中文教育为个案，提出针对性发展策略，为中文在英国国民教育体系中的发展提供了理论与实践相结合的思路。对于英国孔子学院建设与发展，借助自建数据库的方法，详细分析了其教学、师资、文化活动及典型项目等方面的实践情况，提炼出发展特点。以赫尔大学孔子学院为个案研究，总结经验并提出发展策略，为英国孔子学院未来发展提供了参考方向。在英国中文教育创新教学方法研究上，通过参与式观察和对本土中文教师的深度访谈，提炼出英国中文教学方法，同时对国际中文教育"表达驱动"教学理论与实践进行解读，并以国际合作项目为个案，探讨《国际中文教学通用课程大纲》的应用价值与实践路径，为国际中文教育在英国的教学方法优化提供了实证依据。关于英国中文教学资源发展，通过自建数据库系统梳理了不同教育阶段和领域的中文教学资源发展情况。以中英合作教材《走遍中国》为个案，运用有声思维法收集数据并进行评价分析，为未来英国中文教学资源建设提出了建设性建议。

然而，本研究仍存在一些不足之处，具体包括以下几个方面：

1. 在英国外语教育政策研究中，虽然重点分析了四个地区外语教育政策对中文教育实践的影响，但对于中文教育实践如何反作用于当地外语教育政策缺乏进一步研究。实际上，中文教育在英国的推广和发展，也会对当地的外语教育政策制定和调整产生影响，例如促使政策制定者重新审视外语教育的语种结构、资源分配等问题。后续研究可以通过访谈政策制定者、分析相关政策文件修订过程等方式，深入探究这种反向影响机制。

2. 对英国孔子学院的发展研究不够详细，量化指标不足。目前的研究虽对孔子学院的整体情况有所分析，但在量化数据的收集和分析上存在欠缺，难以全面、精确地评估孔子学院的发展成效。未来可进一步丰富孔子学院数据库的构建，纳入更多量化指标，如学生的学习成绩提升幅度、文化活动的参与率及反馈数据等。此外，孔子学院的个案研究也有待加强，仅选取一所孔子学院进行研究，样本单一，无法充分展现英国不同地区孔子学院的特色与差异。后续研究可在英格兰、威尔士、苏格兰和北爱尔兰四个地区每个地区选取一所孔子学院进行深入研究，对比分析不同地区孔子学院在教学模式、师资队伍建设、文化传播方式等方面的异同，为各地区孔子学院的个性化发展提供更具针对性的建议。

3. 在英国本土中文教师培育方面的研究也较为薄弱。随着英国中文教育的发展，本土中文教师的数量和质量对教育成效的影响日益显著。目前对本土中文教师的培训体系、职业发展路径以及教学能力提升策略等方面的研究还不够深入。未来可通过问卷调查、实地调研等方式，全面了解英国本土中文教师的培养现状和需求，构建更完善的本土中文教师培育体系，包括优化培训课程设置、加强实践教学环节、建立教师专业发展支持网络等。

4. 此外，本研究在其他部分也可进一步拓展。例如，对于英国中文教育与当地文化融合的研究还可深入。中文教育不仅是语言知识的传授，更是文化交流的桥梁。目前虽有涉及文化活动方面的研究，但对于中文教育如何更好地与英国当地文化相互渗透、相互促进，尚未进行系统深入的探讨。未来可从课程设计、教学活动组织等层面，研究如何将中国文化元素与英国本土文化元素有机结合，提高中文教育的吸引力和实效性。

5. 在研究方法上，可进一步多元化。目前主要运用了文献研究法、个案研究法、参与式观察法等，后续研究可引入实验研究法，通过设置实验组和对照组，对比不同教学方法、教学资源等对学生学习效果的影响，为英国中文教育提供更具科学性和说服力的研究成果。从研究范围来看，可拓展至英国中文教育与其他国家中文教育的比较研究。通过与美国、澳大利亚等中文教育发展较好的国家进行对比，借鉴其成功经验，找出英国中文教育的优势与差距，为英国中文教育的国际化发展提供更广阔的视野和思路。

展望未来，英国中文教育面临着诸多机遇与挑战。随着中英两国在经济、文化等领域交流的日益频繁，对中文人才的需求不断增加，这为英国中文教育的发展提供了强大的动力。同时，科技的快速发展也为中文教育带来了新的教学手段和资源，如在线教学平台、智能教学软件等，为打破时间和空间限制、提高教学效率提供了可能。 为了更好地推动英国中文教育的发展，未来的研究应紧密结合实际需求，聚焦于解决当前存在的问题。一方面，加强对政策、实践双向影响机制的研究，为政策制定和教育实践提供更科学的依据；另一方面，持续完善孔子学院发展研究和本土中文教师培育体系，提升教育质量和文化传播效果。通过多维度、多方法的深入研究，不断拓展英国中文教育的研究边界，为英国中文教育的可持续发展注入新的活力，助力中文在英国生根发芽，促进中英文化交流与合作迈向新的高度。